Das **DEWI SARASWATI** Kinderdorf in Südindien

Beispiel einer erfolgreichen Zusammenarbeit eines indischen und eines europäischen Vereins

DEWI SARASWATI Hamburg e.V. wurde mit dem Spendensiegel des DZI, Berlin, ausgezeichnet. (Näheres S. 79)

Edizione **DEWI SARASWATI**

asu poleng

Das **DEWI SARASWATI** Kinderdorf in Südindien

Beispiel einer erfolgreichen Zusammenarbeit eines indischen und eines europäischen Vereins.

Titelbild: Im **DEWI SARASWATI** Kinderdorf: Das Mädchen ruft mit der Glocke die Kinder zu Unterricht und Spiel in die Vorschule und es läutet die Pausen ein.

Edizione **DEWI SARASWATI**

Eine Veröffentlichung von **DEWI SARASWATI** Hamburg, Patenschaftskreis für die Ausbildung chancenarmer Kinder e.V.

(Die Schrift schließt u.a. auch die Mitteilungen ein, die im Rahmen der Jahresberichte1999/2000 und 2000/2001 für die Mitgliederversammlungen 2000 am 28. Juni 2000 und 2001 am 8. Juni 2001 in Hamburg gegeben worden sind.)

Website: www.dewi-saraswati.org

Ansprechpartner: Günter Spitzing, Schriftsteller, Stadtbahnstr. 86, 22393 HH
Tel. 040 6013881, Fax 040 6003510, Mobilphone 0172 4270679, eMail DewiSarasw@aol.com

Verlag **asu poleng** e.K. Hamburg 2002
Kurztitel: Das DEWI SARASWATI Kinderdorf in Südindien
ISBN 3-935553-00-5
Herstellung: Books on Demand GmbH
Text und Abbildungen: Günter Spitzing
© Alle Rechte liegen beim Autor
Die Erlaubnis zum Nachdruck, zur elektronischen Wiedergabe/Speicherung von Bild- und/oder Textauszügen oder zur anderweitigen Verwertung muss von DEWI SARASWATI Hamburg e.V., Stadtbahnstr. 86, 22393 Hamburg eingeholt werden.

Das Buch ist über den Buchhandel zu bestellen. Bitte bei Bestellung die ISBN Nummer angeben! Der gesamte Gewinn kommt DEWI SARASWATI zugute.

Edizione **DEWI SARASWATI**

asu poleng

Gewidmet ist dies Buch dem DEWI SARASWATI Kinderdorf in Kilawedu, allen Kindern, allen die darin wohnen, die darin ausgebildet werden, und allen Menschen in Indien und in Europa, die daran mitwirkten, dass das Kinderdorf geschaffen werden konnte.

Das DEWI SARASWATI Kinderdorf - anno 2000 vollendet - ist Heimat für 80 Kinder, beherbergt eine im Ausbau befindliche Schule für die Kinder der umliegenden Dörfern, dient als landwirtschaftliches Zen-- rum und als Anlaufstelle für die auszubildenden Kinder der Irular (Ureinwohner) und für die Kinder aus den Slums der nahen Stadt.

Diese Bestandsaufnahme schulden wir allen denen, die sich für ihre Mitmenschen engagieren, allen denen, die sich – auf welche Weise auch immer – mit der Theorie der Entwicklungszusammenarbeit auseinandersetzen und ganz besonders allen denen, die vor Ort ganz praktisch etwas auf die Beine stellen oder dies zu tun beabsichtigen.

Wussten Sie schon?   Begriffe, die man sich merken sollte:

DEWI SARASWATI: Göttin der Ausbildung, Schöpferin der Sprache und der Schrift, Patronin aller schönen Künste. Der Name **DEWI SARASWATI** für unsere Vereine signalisiert, dass es um Ausbildung, um Ausbildung und nochmals um Ausbildung geht. Dies wird in Indien und in Bali auch so verstanden. **DEWI SARASWATI** India Trust und **DEWI SARASWATI** Hamburg e.V. arbeiten eng und harmonisch zusammen.

Kinder: Viele Kinder, gerade auf dem Land, leiden Hunger. Bedürftig sind insbesondere die Mädchen. Wir unterstützen 70 Prozent Mädchen und 30 Prozent Jungen - z.Z. sind es
36 Kinder aus den Slums von Chingleput und
79 Kinder von Ureinwohnern, die Ausbildungs- und Ernährungsbeihilfe erhalten,
80 vernachlässigte Kinder, die in unser Heim aufgenommen wurden,
105 Kinder, die Unterricht und Speisen in unserer Vorschule und Regelschule erhalten.

Dorf: Mehr als 92 Prozent aller Inder, die ein Leben unterhalb der Armutsgrenze fristen, leben auf dem Land. Sie haben nicht genug zu essen und ihre Nahrung ist auch nicht ausgewogen. So gesehen ist es ganz besonders wichtig, dass wir von **DEWI SARASWATI** uns für Menschen in einem vernachlässigten Landgebiet engagieren.

Kilawedu: Das Dörfchen, an das unser Kinderdorf "Children Home and Rural Develop- ment Center" angegliedert ist, liegt im Distrikt Chingleput, Tamil Nadu, South India.

Adivasi: Ureinwohner. Sie gehören zu den bedrohten Völkern, weil ihnen vielfach der Wald, und damit ihre Lebensgrundlage, genommen wurde, weil sie keine Bildungs- chancen haben, und weil sie schlecht behandelt werden. Wir sorgen dafür, dass Kinder aus mehreren Irular-Dörfern eine gute Ausbildung erhalten.

DEWI SARASWATI HAMBURG
PATENSCHAFTSKREIS FÜR CHANCENARME KINDER e.V.

DEWI SARASWATI Hamburg e.V.:

Vollständiger Name: **DEWI SARASWATI** Patenschaftskreis für die Ausbildung chancenarmer Kinder Hamburg e.V.
Kurzbezeichnung: **DEWI** HH
DEWI SARASWATI ist die in Indien und Bali bekannte Göttin der Ausbildung, der Sprache, der Schrift und aller Künste.
Telefon: 0049 (0)40 601 3881 Fax 040 600 3510, Funkphon 0172 4270679
eMail: DewiSarasw@aol.com und Inpho@dewi-saraswati.org
Homepage: www.dewi-saraswati.org
Registriernummer: 69 VR 13559 Eintragung ins Vereinsregister am 29.1.93.
Steuernummer: 17/410/01930.   Aktueller Freistellungsbescheid vom 7.11.2000
Spenden-Konto: Haspa DEWI SARASWATI 1280/144997, BLZ 200 505 50
Gründungsversammlung: 15.11.92 mit 11 Mitgliedern, Betreuung von 4 Kindern
Aktuelle Zahl Mitglieder und Unterstützende: (Anfang 2002): 260
Aktuelle Zahl der betreuten Kinder: (Anfang 2002): 300
Vorstandsmitglieder:
1. Vorsitzender: Günter Spitzing, Schriftsteller, Stadtbahnstr. 86, 22393 HH, Tel. 040 6013881, Fax 040 6003510, Mobilphone 0172 4270679, eMail DewiSarasw@aol.com
2. Vorsitzender: Dr. Nikolaus de Palézieux, Publizist, Tel. + Fax 040 4203739
Kassenwartin: Gabriela Altekrüger, Steuerbevollmächtigte. Tel. 04531 180290, Fax 180299
Schriftführerin: Annie Wojczewski, Tel. 040 4601151, eMail: thorstenW@gmx.de
Schriftführerin: Anja Rachow, Buchhalterin
Beisitzerin: Mirja Busch, Studentin.
Vom Vorstand für bestimmte Aufgaben cooptiert sind:
Ruth Ernst (CinemaxX Veranstaltungen), Karin Spitzing (Flohmärkte), Ajoy Chatterjee.
Kassenprüfer: (MV 2000): Astrid Gronow, Reisekauffrau, Bodo Hildebrand, Prokurist.
Auszeichnungen: **DEWI SARASWATI** Hamburg e.V. hat zum dritten Mal das Spenden-Siegel des DZI (Deutsches Zentralinstitut für soziale Fragen, Berlin) erhalten.
Mitgliedschaften: Eine Welt Netzwerk Hamburg e.V. (ewnw)
Tätigkeitsfelder: Entwicklungszusammenarbeit: Ausbildung von Kindern und Erwachsenen, Ernährung von Kindern, Förderung der Landwirtschaft, Förderung der Schulbildung (Aufbau spezieller Schulen), Ausbildungsförderung von Irular-Kindern.
Arbeitsgebiete:
Indien: Bau eines Kinderdorfes mit 14 Gebäuden (vollendet April 2000). Unterhaltung des Kinderdorfes. Ausbildungsförderung bedürftiger Kinder im Slum von Chingleput. Landwirtschaftliches Training der Bevölkerung. Aufbau von Frauenorganisationen, die die wirtschaftliche und soziale Situation verbessern. Förderung von kleinen ländlichen und handwerklichen Betrieben. Bau und Betrieb einer Vorschule (seit 1998). Bau und Betrieb einer 10-klassigen Schule für Unterprivilegierte (ausgebaut bis Klasse 4).
Indonesien: Ausbildungsförderung von 10 bedürftigen Kindern.
Bundesrepublik: Informationen über indische und indonesische Kultur und über Entwicklungszusammenarbeit durch Ausstellungen, Vorträge, Broschüren und Internet.
Partner: Partner-Organisation in Indien: **DEWI SARASWATI India Trust**.
Kurzbezeichnung: **DEWI** India. Ansprechpartnerin: Mrs. Ruby James M.A:B.Ed., Social Worker, Chingleput South India. Fax 0091 4114 26987, eMail: Rubi@vsnl.net
Hilfspersonen in Indonesien: Nyoman Hadicipta, Denpasar, Bali, Fax 0062 361 221151.

Inhalt

Es geht um Kinder - es geht um Frauen - es geht darum, dass Menschen leben können

Für wen treten wir ein? Natürlich für die Ärmsten!

Es gibt Themen, über die wissen - so sieht das wenigstens aus - alle Bescheid. Dazu gehört das, was wir früher als Entwicklungshilfe bezeichneten, heute Entwicklungszusammenarbeit, nennen.

Einige sagen, Entwicklungszusammenarbeit sei absolut notwendig, die Anderen, sie sei absolut unsinnig. Manche meinen, es wäre erforderlich, viel mehr Geld von Seiten des Staates dafür locker zu machen. Doch Andere wollen keinen roten Cent dafür ausgeben: Das Geld sei ja doch nur verschwendet, in unserem reichen Staat gäbe es noch Armut genug, und im übrigen sei alles nur ein Tropfen auf den berühmten heißen Stein.

Geht es aber letztlich für uns alle nicht um die eine grundsätzliche und entscheidende Frage: Sollen "auserwählte" Gruppen der Menschheit sich ohne Rücksichtnahme durchsetzen, für sich selbst alle Güter dieser Erde reservieren zu Lasten des Restes der Welt? Wollen wir in Kauf nehmen, dass große Teile der Menschheit wirtschafltich unterdrückt werden, kulturell gedemütigt und der physischen Vernichtung preisgegeben?
Oder aber sollen alle Menschen auf der Welt Hand in Hand zusammenarbeiten, sich gegenseitig helfen und stützen, und das, was sie haben, redlich miteinander teilen?

Die Frage so auf ihren innersten Kern zu reduzieren, heißt sie auch schon zu beantworten. Es bleibt uns gar nichts nichts anderes übrig, als mit aller Macht für die freundschaftliche Zusammenarbeit einzutreten. Und dazu gehört unabdingbar die Entwicklungszusammenarbeit.

Es herrscht weitgehend Einigkeit darüber, dass tatsächlich viele Ansätze, vor allem politisch inspirierter Entwicklungszusammenarbeit, nicht diejenigen Veränderungen in der Welt gebracht haben, die man sich davon erwartet hat. Es ist ohne Frage sehr vieles schief gelaufen. Ganz allgemein hat sich etwa die Theorie, dass man die etwas Wohlhabenderen unterstützen müsse, damit sie Kraft ihrer wirtschaftlichen Potenz besonders schnell etwas auf die Beine stellten, und dass dann von deren Erfolgen die Ärmsten profitierten (sog. "trickle down" Effekt!), nicht bewährt. Der den Potenten in den Rachen gegossene Reichtum schwappte keineswegs über, um zu denen, die im Schatten stehen, hinab zu träufeln. Im Gegenteil: Sogenannte wirtschaftliche Eliten haben vielfach, durch Kredite gestärkt, Aktivitäten entfaltet, die die Ärmeren um Grund und Boden und damit um ihre Existenzgrundlagen brachten. Derartige Erfahrungen bestärken **DEWI SARASWATI** darin, ausschließlich direkt für die Ärmsten tätig zu werden. So halten es auch einige andere private Initiativen, die dementsprechend auch Erfolg haben.

Es ist nicht zu übersehen, dass der Gesamtbereich der Entwicklungspolitik, einschließlich des bunten Reigens der Ansichten darüber, ein abenteuerliches Gestrüpp mit reizvoll duftenden bunten Blüten auf der einen Seite, und giftigen Dornen auf der anderen darstellt. So kamen wir uns auch ziemlich abenteuerlich vor, als wir Ende 1992 begannen, praktisch aus dem Nichts heraus mit der Machete einen schmalen, zunächst nur für wenige gangbaren, Pfad in das urige Gestrüpp zu schlagen. Dabei sollte sich der

Aufbruch ins zunächst kaum Bekannte noch als weit abenteuerlicher und auch als wesentlich spannender erweisen, als wir das zu Anfang erwartet hatten.

Es hatte uns schon gereizt zu erfahren, ob es für einen kleinen privaten Verein – wir haben mit 11 Gründungsmitgliedern angefangen – überhaupt möglich ist, einen effektiven Impuls für das Leben der Menschen, beispielsweise in Ländern des Südens, zu geben. Wir fragten uns: Wie können wir etwas tun – und vor allem, wie können wir, was wir tun, auch wirklich richtig machen? Das hat uns alles brennend interessiert, aber wir hätten uns in dieses Abenteuer, das doch das Leben der „Haupttäter" inzwischen total umgekrempelt hat, wohl doch nicht gestürzt, wenn dies der einzige Grund gewesen wäre, aktiv zu werden.

Da war da auch noch das niedliche kleine Mädchen auf dem Arm eines Mannes vor einem Waisenhaus in Mahabalipuram. Ich blickte bewundernd zu ihm hinüber. Und dann bot uns der Mann – war es der Vater? Der Onkel? Sonst wer? – das Kind auch schon als „a servant" zum Kauf an. Wir, meine Frau und ich, die wir ganz frohgemut dahingeschlendert waren, wurden plötzlich konfrontiert mit handfestem Elend und mit - so war zu vermuten - Verbrechen. Das Schlimmste: Wir fühlten uns in dieser Situation völlig hilflos. Es war für uns unmöglich, auf legale Weise das Kind zu übernehmen, und wir sahen auch keine andere Möglichkeit, es in ein Heim zu geben. Wir schlichen davon mit einem schlechten Gefühl, und wir schliefen nicht sehr gut. Wir hatten damals so etwas wie eine Ahnung, was dem Kind alles passieren könnte. Zu unserem Entsetzen haben wir später auch erfahren, dass an diesem Ort Kinderhandel und Kindesmissbrauch bis heute vorkommen und noch nicht unterbunden werden konnten.

In die Lage, derart hilflos zu sein wie damals, wollten wir wirklich nicht mehr kommen. Als wir daher einem Jungen und seiner Schwester begegneten, die beide gerne eine weiterführende Schule besucht hätten, dies aber der Armut ihrer Eltern wegen nicht tun konnten, haben wir sogleich versucht, einen Weg zu öffnen, ihnen ihren Wunsch zu erfüllen. Wir haben das geschafft, haben Menschen hier in Europa, und bald auch in Indien gefunden, die diesen Weg mit uns weiter gehen wollten - und so ist unser Kinderdorf, so ist die Unterstützung von bisher mehr als 300 bedürftiger Kinder ins Leben gerufen worden. Unser Weg hat sich als überraschend gut gangbar erwiesen. Daher besteht überhaupt kein Grund, ihn nicht weiter auszubauen und zu verfolgen. Und natürlich freuen wir uns über alle, die uns jetzt und in Zukunft auf diesem Wege begleiten wollen. Manche nennen uns Weltverbesserer - und sie meinen das durchaus nicht so sonderlich freundlich. Aber wir nehmen ihre Ettikettierung auf uns. "Weltverböserer" gibt es ja schließlich schon mehr als genug. Kommen Sie mit uns, verbessern Sie zusammen mit uns die Welt - wenigstens ein ganz klein bisschen.

Wir haben einen Weg gefunden, und den verfolgen wir!

Natürlich schlängelt sich dieser Pfad auch zwischen den verschiedenen Gruppierungen mit ihren ganz unterschiedlichen Ansichten über Entwicklungszusammenarbeit hindurch. Die beiden extremen Standpunkte sind:

- ◆ *Es hat nur Sinn, mit Patenschaften einzelne Menschen zu unterstützen. Großflächige Maßnahmen schaden eher als dass sie nützen.*
- ◆ *Nur großflächige strukturpolitische Maßnahmen sind von Nutzen. Wohltätigkeit ist fehl am Platze.*

Wir haben uns auf Grund unserer Erfahrungen mit diesen gegensätzlichen Ansichten sehr ernsthaft auseinandergesetzt - und das findet in dieser Schrift seinen Niederschlag.

Situation in Indien
Was wir in den letzten Jahren getan haben:
Das DEWI SARASWATI Kinderdorf ist vollendet

Wir haben uns vor allem in Südindien engagiert.   Unser Engagement dort ist keineswegs so etwas, wie ein Fernsehspiel, das nach einer vorgegebenen Zeit zu Ende ist. Das geht immer weiter. Wir wollen ganz bewusst an einer Aufgabe dran bleiben, die auch in Zukunft großartige Chancen effektiver Hilfe eröffnet. Wir können und wollen niemals sagen: "So, jetzt haben wir es endgültig geschafft!"

Aber wir dürfen feststellen, dass wir anno 2000 eines unserer Vorhaben, und zwar ein ganz besonders wichtiges, verwirklicht und zum Abschluss gebracht haben: Unser Kinderheim ist fertiggestellt. Die Zahl der betreuten Kinder hat sich 2000 von 32 auf 62 erhöht, im Juni 2001 auf 80. Und darauf kann jeder von uns, der daran mitgewirkt hat, auch ein bisschen stolz sein. Das alles war nur zu erreichen als gemeinsame Leistung von Mitgliedern, Freunden und Vorstandsmitgliedern. Es hat eine Menge Mitarbeit und viele eigenständige Initiativen gegeben. Dafür möchten wir allen ganz herzlich danken. Nun geht es um den Ausbau der Schule, die jetzt schon mit ihren drei Klassen vielen Kindern zu Gute kommt.

Dank für Zusammenarbeit mit anderen Organisationen
Deutsches Zentralinstitut für soziale Fragen (DZI), ASA Programm des CDG Berlin, Susila Dharma soziale Dienste e.V., Deutsch-Indische Gemeinschaft Hamburg e.V., Deutsch-Indische Gesellschaft Hamburg e.V., Deutsch-Indonesische Gesellschaft Hamburg e.V., Eine Welt Netzwerk Hamburg e.V. (DEWI HH ist Mitglied des ewnw Netzwerkes, in seinem Vorstand, sowie im mVorstand der Deutsch-Indonesischen Gesellschaft vertreten.) Der bengo (Beratungstelle für private Träger in der Entwicklungszusammenarbeit), vertreten durch Bertold Trittler, haben wir für effefktive Beratung ganz besonders zu danken.

Dank für Unterstützung durch Sponsoren und Organisationen
Finanziell wurde und wird unsere Arbeit ganz erheblich unterstützt durch: Das Bundesministerium für wirtschaftliche Entwicklung und Zusammenarbeit (BMZ), Indienhilfe Kaiserslautern e.V. (Dr. Markus Merk), ein Ehepaar aus HH Volksdorf, eine Firma aus München, Familie Hatlé, Köln, VHS HH Ost Farmsen (Wulf Hilberd, Kurs Patchwork mit Magrit Kopf), Naya Bharat Gesellschaft Hamburg Eimsbüttel (Debasih Samanta), Carl-Duisberg-Gesellschaft HH, Senatskanzlei Hamburg Referat Entwicklungszusammenarbeit, Weltweite Partnerschaft Hamburg e.V., Verein Kunst und Kultur der Völker HH e.V., Kulturkreis Torhaus e.V., Schule am Teichweg in Volksdorf, E.W. Kuhlmann-Stiftung, Kirchengemeinde Vicelin-Schalom aus Norderstedt, Karl Bröcker Stiftung in Geseke (ab Sommer 2001). Wir bedanken uns herzlich für die Unterstützung, die dazu geführt hat, dass wir ganz wesentlich mehr Kindern eine gute Zukunft sichern können.

Dank für Mitarbeit und Mithilfe:
Und wir danken für effektive Mithilfe und Mitarbeit den Mitgliedern des Deutsch-Griechischen Tanzkreises Syrtos, Verwaltung und Mitarbeitern des CinemaxX, Lehrern und Schülern des Wilhelmgymnasiums, dem ECE Projektmanagment des Alstertal-Einkaufszentrums (AEZ), dem ECE Projektmanagment des Herold-Centers in Norderstedt.

Aufbau des DEWI SARASWATI Kinderdorfes zwischen 1996 und 2001

1996 Gründung von DEWI India und Anschaffung eines Grundstückes von einem Hektar.

1997 Bau der Frontmauer, zweier Kinderhäuser, des Kuhstalles mit 3 Kühen, des Vorschulgebäudes, Elektro-Anschluss. (Damals haben wir geglaubt, wir könnten insgesamt nur 6 Häuser für jeweils 6 Kinder errichten). Die Vorschule wird in Betrieb genommen.

1998 Die ersten Kinder ziehen ein. Bau der Westmauer, der Biogasanlage, Kauf dreier weiterer Kühe.

1999 Bau zweier weiterer Kinderhäuser, Aufstockung der Vorschule (Büro und Bibliothek), Bau des großen und kleinen Vielzweckhauses, des Wasserturmes mit Pumpe, des Lagerhauses mit Garage, Kauf von 2.500 qm Land für Ausbildungsgarten, weitere Pumpe. Anschaffung eines Wagens. Einrichtung einer Telefonverbindung. Bau dreier zweistöckiger Häuser für 6x10 Kinder.

2000 Ausbau des Grundschulbetriebes bis zur zweiten Klasse.

2001 Ausbau der Grundschule bis zur dritten Klasse. Bau eines Wohnheimes für Lehrerinnen. Bau eines zweistöckigen Schulgebäudes mit vier Klassen. Solaranlage zur Gewinnung heißen Wassers. Telefonverbindung. Zwei Computer mit Internetanschluss.

Zugleich erfolgte eine erhebliche Intensivierung der Ausbildungshilfe für Irular-Kinder (Ureinwohner). Alle Kinder des Irular-Dorfes Kollamedu erhalten Unterricht in einer guten Privatschule. In M. wird für Irular und Dalits ein Vorschulunterricht eingerichtet. Der Weiler Th. erhält ein Kinderhaus und Vorschul-Unterricht.

2002 Vorgesehen sind: Bau eines weitern Klassenraumes und einer Kinderkrippe für vernachlässigte Mädchen, ein Gemeinde/Schulhaus für die Irular in K. Anschaffung von Land.

Unsere Kinder in Indien	1996	1997	1998	1999	2000	**2001**	*(geplant)* *(2002)*
Externe Kinder	14	32	31	41	84	**115**	*140*
(Slums Chingleput	13	31	26	33	35	**36**	*(40)*
(Ureinwohner in K.)	1	1	5	8	23	**42**	*(46)*
(Ureinwohner u. Dalits in M.)	-	-	-	-	26	**27**	*(35)*
(Ureinwohner in Th.I)	-	-	-	-		**10**	*(20)*
Heimkinder	-	-	13	32	62	**80**	*(80)*
Pre-school- und Schulkinder	-	35	45	60	90	**105**	*(120)*
Gesamt Indien	14	67	89	133	236	**300**	*(360)*
Kinder in Indonesien (Bali)	5	6	6	8	9	**10**	*10*

Im Rahmen unserer Vorplanung für 2000 hatten wir lediglich ein Haus für 8 Kinder eingeplant. Das 6. und 7. Haus sollten bis 2002 fertiggestellt werden. Durch großzügige Spenden einer Familie in Volksdorf, der Indienhilfe Kaiserslautern und der Familie Hatlé aus Köln konnten wir 2 Wohneinheiten vorzeitig fertigstellen und auch 3 Wohneinheiten zusätzlich zu den ursprünglich geplanten bauen. Es stehen jetzt dort neu seit 2000 drei doppelstöckige Häuser mit insgesamt 6 Wohneinheiten. Da die Spender auch den laufenden Betrieb unterstützen und auf Grund des erfreulichen Umstandes, dass die Zahl unserer Unterstützer beträchtlich angestiegen ist, konnten wir das Kinderdorf, anstatt wie zunächst vorgesehen für 56, nunmehr für 80 Kinder ausbauen. Bei der Gründung von DEWI SARASWATI Ende 92 glaubten wir allenfalls insgesamt 25 Kinder versorgen zu können. Wir dürfen für das Erreichte wirklich dankbar sein.

Modell des DEWI SARASWATI Kinderdorfes.
Das Gelände umfaßt 10.000 qm (= ca. 2 1/2 acre). 60 Prozent davon (im Vordergrund) sind bebaut. 40 Prozent sind bewässerte Reisfelder. Angebaut wird der gehaltvolle Poni-Reis. Er dient der Ernährung der Heim- und Schulkinder.

1   Hamburg House für bis zu 10 Kinder und Heimmutter, entstand 1997 als erster Bau.

2 - 4   Kaiserslautern House, Alstertal House und München House.

5 - 7   Drei zweistöckige Häuser für je zweimal bis zu 10 Kinder, Anfang 2000 gebaut. Wir haben folgenden Spendern zu danken: Indienhilfe Kaiserslautern (Dr. Markus Merk), einem Ehepaar aus Hamburg Volksdorf, Erna und Karl Heinz Hatlé, Köln, und Naya Bharat Gemeinschaft (Debasish Samanta), Hamburg. (Das Doppelhaus 5 und 6 steht weiter vorne, als im Modell dargestellt, zwischen den Häusern 4 und 10. 7wischen diesem Doppelhaus und der neuen Schule 9 ist eine Unterkunft für Lehrer eingefügt.)

8   Vorschule, sogenannte Balwadi. Schulraum im Untergeschoss, weiterer Schulraum und Büro im Obergeschoss.

9   Stall für sieben leistungsfähige Kühe (Jersey Kühe). Der Stall wurde inzwischen auf ein landwirtschaftlich genutztes Stück Land versetzt. An seiner Stelle befindet sich inzwischen ein zweistöckiges Schulgebäude mit vier Klassenräumen.

10   Wisdom House. Zur Isolierung kranker Kinder, für Volontärinnen u.s.w.

11   Harmony House. Krankenstation, Versammlungsort der Frauengruppen, Trainingsräume.

12   Zwei Häuschen für Personal.

13   Überdachter Sandkasten.

14   Abstellraum und Garage.

15   Rundpavillon, genutzt für Spiel und Vorschulunterricht.

16   Wasserturm.

Zehn Gebäude sind mit Unterstützung des Bundesministeriums für Entwicklung und wirtschaftliche Zusammenarbeit (BMZ) entstanden.

DEWI SARASWATI Children Home and Rural Development Centre Kilavedu

DEWI SARASWATI India verfügt über ein Ein-Hektar-Grundstück (10.000 qm) mit 17 Gebäuden, mit Biogas- und mit Solaranlage, über ein 2500 qm Grundstück mit Minimolkerei und 8 Kühen, sowie über ein Vorschulhaus in einem Ureinwohnerdorf.

Bestand im Jahre	*1997*	*1998*	*1999*	*2000*	*2001*
Häuser für je 10 Kinder	2	2	4	4	4
Doppelhäuser für 2x10 Kinder				3	3
Ausbildungs- und Mehrzweckhäuser	1	3	3	3	3
Büro (aufgestockt)	-		1	1	1
Kleinmolkerei	1	1	1	1	1
leistungsfähige Kühe	3	6	6	7	8
Biogasanlage		1	1	1	1
2.500 qm Ausbildungsgarten		1	1	1	1
Mauerteil (je eine Grundstückseite)	1	2	2	2	2
Lagerraum mit Garage			1	1	1
Gebrauchtwagen			1	1	1
Solaranlage					1
Vorschule (je Raum)	1	1	2	2	2
Schulbau mit 4 Klassenräumen					1
Wohnheim für Lehrer					1
Telefonverbindung					1
Computer mit Internetzugang					2
Kinderhaus für Ureinwohner					1

Irular-Kinder von Th. in der von der Karl Bröcker Stiftung gespendeten neuen Vorschule.

Mrs. RUBY JAMES, M.A:B.Ed., Socialworker, leitet unsere Partnergesellschaft DEWI SARASWATI India Trust und ist Managing Director unseres Kinderdorfes, unserer Vorschule, unserer Schule im Aufbau, unserer Förderprogramme für die bedürftige Landbevölkerung und für die Ureinwohner.

Immer schon war es ihr Wunsch gewesen , ein Kinderdorf selbstständig zu leiten - und zwar eines, das vor allem vernachlässigten Mädchen hilft.

Für viele Kinder bedeutet ein gut geführtes Heim die einzige Chance zu überleben. Es geht ihr aber auch besonders darum, mit den bedürftigen Landfrauen in der Umgebung zusammen zu arbeiten, Gruppen zu gründen, die es ihnen gestatten, für bessere Bedingungen für ihr eigenes Leben und für ihre Dörfer selbstbewusst und aktiv einzutreten. 10 Frauenorganisationen sind bereits in den Dörfern im Umkreis um unsere Zentrum in Kilavedu entstanden.

Die sympathische Frau setzt sich für alle die ein, denen das Leben böse mitgespielt hat. Glücklicherweise besitzt Ruby James auch den dafür dringend benötigten Humor. Entscheidend aber ist, dass sie die ihr Anvertrauten – die Kinder, die Mütter, die unterbezahlten Landleute, die benachteiligte Alten - liebt.

Als Basis einer guten Ausbildung sieht sie ausgewogene Ernährung an und vor allem eine Atmosphäre im DEWI SARASWATI Heim, in der sich die Kinder wirklich wohl fühlen. Sie empfindet es als ihr größtes Vergnügen, sich ganz persönlich intensiv um das Wohl jedes einzelnen Kindes zu kümmern.

DEWI India und DEWI HH zusammen - wir können was erreichen!

Vernetzte Aktivitäten - eine DEWI SARASWATI Besonderheit.

Unser Projekt in Indien zeichnet sich ganz besonders durch eines aus: Es umfasst viele unterschiedliche Aktivitäten, die sich gegenseitig stützen und tragen.

Unsere Partnerorganisation **DEWI SARASWATI** India Trust, eine rein indische NGO (Non Government Organisation), führt alle Maßnahmen in Absprache mit DEWI HH durch. Alles, was wir tun, basiert auf der engen Zusammenarbeit von **DEWI SARASWATI** India und **DEWI SARASWATI** Hamburg.

Im Zentrum aller Bemühungen stehen unsere z.Z. insgesamt 300 Kinder. Ursprünglich hatten die keinerlei Gelegenheit eine Ausbildung zu erhalten. Konsequenterweise besteht unser Hauptziel darin ihnen die Möglichkeit zu erschließen, sich aus- und fortzubilden. Schließlich bietet eine gute Ausbildung die einzige Chance, dass alle die, die uns jetzt anvertraut sind, in naher Zukunft ihr Leben eigenständig gestalten können.

Unabdingbar für eine gute Ausbildung ist, dass die Kinder auch auskömmlich zu essen haben und dass ihre Mahlzeiten ausgewogen sind.
Unabdingbar für eine positive Entwicklung ist aber auch eine liebevolle Atmosphäre, in der sie heranwachsen können.

An Kindern betreuen wir vier unterschiedliche Gruppen:

1. ***Kinder, die vernachlässigt,*** verwaist, verlassene sind oder herumstreunen. Sie werden in unser ***Kinderdorf*** aufgenommen und dort voll versorgt und liebevoll betreut. Natürlich wird auch ihre Ausbildung gefördert. Das Dorf wurde 2000 fertiggestellt und beherbergt seit 2001 80 Kinder.

2. ***Kinder vom Lande*** aus den umliegenden Dörfern mit armer Bevölkerung (Angehörige niederer Kasten und Outcasts). Sie erhalten in der ***Vorschule*** Unterweisung und Schulspeisung. Die Älteren werden ab Juni 2002 bereits in den vier Klassen der **DEWI SARASWATI** ***Regelschule*** ausgebildet. Unsere Grundschule (Primary School bis zur 5. Klasse) ist staatlich anerkannt.
   Der Großteil der augenblicklich etwa 100 Kinder würde ohne die Unterstützung von DEWI SARASWATI nie eine Schule von Innen zu sehen bekommen.

3. ***Externe Kinder***, sog. ***education children***. Diesen Kindern wird eine gute, ihren Fähigkeiten entsprechende Ausbildung ermöglicht. Es handelt sich vor allem um Mädchen, aber auch um einige Jungen, vor allem aus den Slums von Chingleput. Sie leben bei ihren alleinstehenden Müttern oder auch in sehr bedürftigen, großenteils kaputten Familien.

4. ***Kinder der Irular.*** Den Ureinwohnern (Adivasi vom Stamm der Irular) geht es sehr schlecht. Sie arbeiten zwar hart, sind aber unterbezahlt und durchweg unterernährt. Bevor **DEWI SARASWATI** einsprang, hat kein Kind eine Ausbildung erhalten. In einem Dorf haben wir schon seit 1994 einzelnen Kindern eine gute Ausbildung ermöglicht. Seit 2001 schicken wir dort alle Kinder zur Schule und unterstützen sie mit Zusatzunterricht und Aufgabenhilfe. In einem weiteren Dorf betreiben wir eine Vorschule. (Ein Gebäude wird gerade errichtet.) In einem anderen Weiler mit extrem notleidender Bevölkerung konnten wir durch die großzügige Hilfe der Karl Bröcker-Stiftung ein Kinderhaus errichten und mit dem Vorschul-Betrieb (wie in allen anderen Fällen auch einschließlich Schulspeisung und Gesundheitsvorsorge) beginnen. Wir streben an jeweils allen Kinder eines Irular-Dorfes eine gute Ausbildung zu ermöglichen.

Rechts oben: Mahlzeit in der Vorschule - mit Milch, Obst und Gemüse gegen Mangel- und Unterernährung.
Unten: Singen und Tanzen in harmonischer Atmosphäre. Die Kinder fühlen sich sich wohl im Dorf.

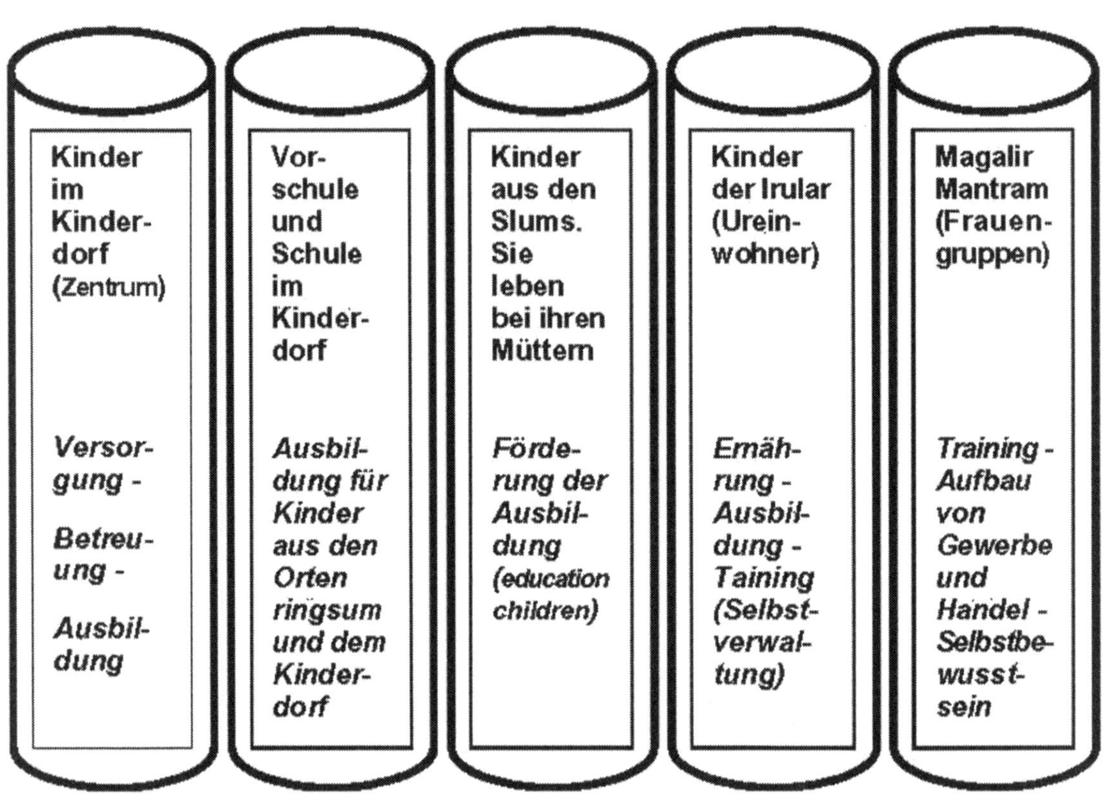

Die fünf Säulen von DEWI SARASWATI

DEWI SARASWATI konzentriert sich in Tamil Nadu, Indien, auf die genannten vier Gruppen von Kindern und zusätzlich auf die Frauen. Es geht derzeit also um fünf Arbeitsbereiche. Sie sind alle miteinander vernetzt.

Das Zentrum ist das Kinderdorf. Dort leben unsere Kinder in den zehn Heimen. Dort befinden sich mitten unter den Wohneinheiten die Vorschule (*balwadi*) und die Schule. Dort treffen sich die Frauengruppen (*magalir mantram*). Dorthin kommen zu ärztlichen Routine-Untersuchungen, aber auch zu den Festen unsere externen Kinder aus den Slums. Dorthin kommen aber auch alle Kinder aus den von uns geförderten Dörfern und Weilern der Ureinwohner.

Uns geht es darum, geeignete Kinder als Lehrerinnen, Krankenpfleger, Ärztinnen und Anwälte auszubilden, damit diese in naher Zukunft im und fürs Kinderdorf und für unsere anderen Unternehmungen tätig sind.

Die Kinder der Irular sollen möglichst so qualifiziert ausgebildet werden, dass sie ihr notleidendes Volk führen und nach außen vertreten können. Die Ureinwohner sollen in die Lage kommen für sich selbst zu sorgen.

Weitere Maßnahmen zu Gunsten von Heim und Dörfern

- **Mitarbeiterinnen:** In Heim und Schule arbeiten inzwischen einschließlich der Projekt-
leiterin ganztägig 18 Personen. Weitere Helfende sind in Teilzeit beschäftigt.
Seit 1999 unterstützten jährlich zwei europäische Volontärinnen die Ausbildung und
Betreuung der Kinder für jeweils ein Vierteljahr.
- **Frauengruppen:** 50 Prozent der Frauen des Gebietes sind inzwischen in Magalir
Mantrams (Selbsthilfe-Frauengruppen) zusammengeschlossen, artikulieren ihre
Wünsche, erhalten Training im Anbau von Früchten, Fischzucht, Hygiene und in Gesund-
heitsvorsorge. Der Aufbau von Erwerbsmöglichkeiten hat begonnen (siehe weiter unten!).
- **Gesundheitsvorsorge:**
  + Ein Gesundheitsdienst wurde 2001 neu eingerichtet. Die *Health* Koordinatorin ist
  Mrs. A. Christy Asir B.A., M.S.W. Sie hat 22 Jahre Erfahrung im Gesundheitsdienst und
  ist sehr bewusst und energisch. Mrs. Asir leitet acht weibliche *health workers* an und
  setzt sie in acht vorerst dafür ausgewählten Dörfern ein:

Helferin	*Dorf*	*Helferin*	*Dorf*
Mrs. Gekila	Melaripakkam	Miss. Usha	Malayalinatham
Mrs. Jeya	Melaripakkam Colony	Mrs. Vijaya	Kollamedu
Mrs. Kanchana	Kilavedu	Mrs. Poongethai	Madur
Mrs. Banu	Kaiinagar	Mrs. Tamuna	Dalaveri

Alle Helferinnen haben einen kleinen Koffer mit teils allopädischen Medikamenten, teils
auch selbstproduzierten traditonellen Arzneien aus Heilkräutern.
Sie singen und tanzen Lieder, mit denen sie die Menschen in den Dörfern über
Vorbeugung und Heilung informieren. Die Texte handeln von TBC, Aids, richtiger
Ernährung u.s.w.
  Jede Mitarbeiterin pflanzt in der Nähe ihres Hauses Kräuter an mit der Absicht, auch
andere Dorfbewohner dazu anzuregen, ein Kräutergärtlein anzulegen.
Weitere Aufgaben der Gesundheitsbetreuerinnen sind:
1. Gesundheitliche Erziehung von Kindern und Frauen mit Hilfe von Info-Karten
2. Hausbesuche
3. Schulprogramme über Vorbeugung
4. Organisation von health camps
5. Training der Frauengruppen in einfacher Behandlung und Erster Hilfe
  Die Aufgaben der Koordinatorin, Frau Asir, sind:
1. Die Leitung der Gesundheitsprogramme, die dann von den Betreuerinnen
    durchgeführt werden.
2. Besuch bei den Gemeinden und Gespäche über Gesundheit.
3. Zuteilung von Medikamenten an die Gesundheitsbetreuerinnen.
4. Übersicht, Kontrolle und Auswertung ihrer Tätigkeiten.
5. Koordinierung der Aufgaben mit der Ärztin beim Durchführen von health camps.
6. Behandlung einfacher Krankheiten in den Dorfgemeinden.
7. Anlage und Unterhaltung unseres Heilpflanzengartens im Heim mit Hilfe der
    auszubildenden Gesundheitshelferinnen.
8. Gesundheits- und Hygienekontrolle.
9. Gesundheitsüberwachung von Heim und Schule.
10. Dokumentierung des Gesundheitszustandes in Gemeinden, Heim und Schule.

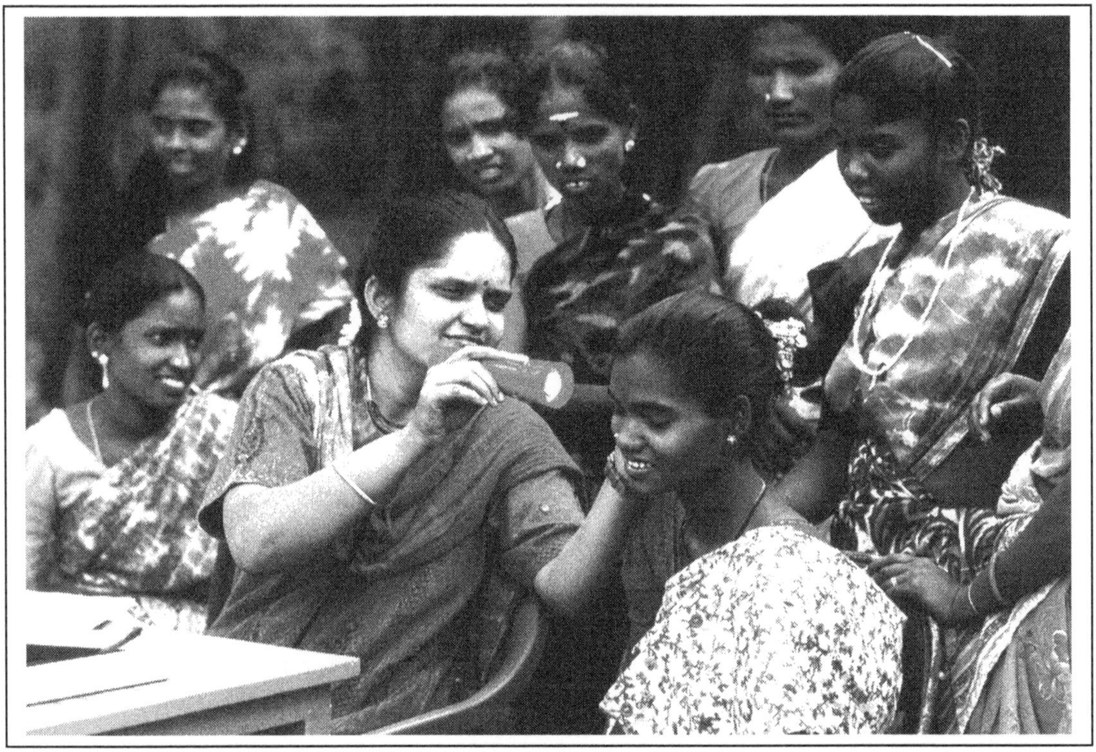

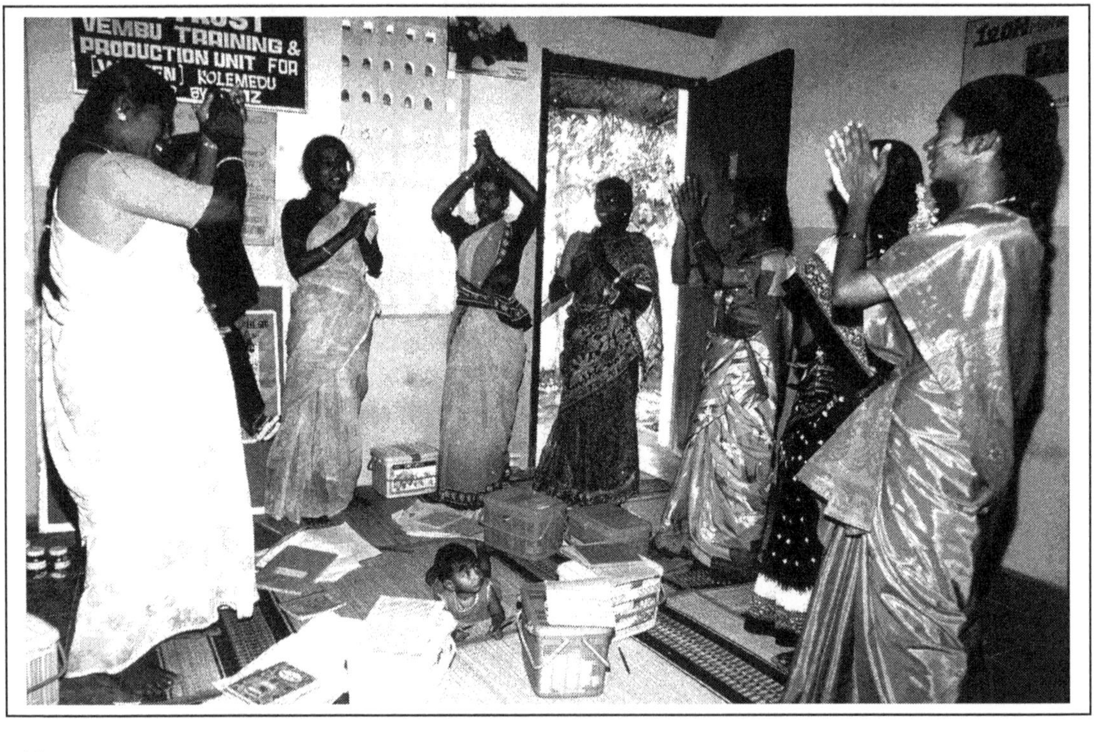
VEMBU
TRAINING &
PRODUCTION UNIT FOR
KOLEMEDU

+   Das Heim in Kilavedu und drei Irular-Siedlungen werden seit 2001 wöchentlich einmal von einer Krankenschwester aufgesucht. Eine Ärztin führt in Zusammenarbeit mit Krankenschwester und Gesundheitsdienst dort *health camps* durch und steht in dringenden Fällen zur Verfügung. Dadurch wird die Arbeit der volontierenden Ärztinnen, die einmal pro Monat im Kinderdorf Gesundheitschecks vornehmen, sinnvoll ergänzt.
(*health camps* sind in der Regel ein oder zweitägige Aktionen, bei denen ein Team aus Ärzten, Schwestern und Helferinnen den Gesundheitszustand in einem Dorf oder Stadtteil untersucht und erfasst. Solche *camps* werden vor allem in Gebieten abgehalten, in denen es bis dahin noch keine regelmäßige medizinische Versorgung gab.)

Das Children Home and Rural Development Centre und sein Umfeld
Unser DEWI SARASWATI Kinderheim und Entwicklungszentrum liegt bei Kilavedu, etwa 6 km östlich von Chingleput. Die bei ihren Müttern lebenden Kinder, deren Ausbildung wir fördern, stammen aus den Slums dieser Stadt, sowie aus Ureinwohner-Dörfern.
Die Vorschule im DEWI SARASWATI Zentrum und die 10 Frauengruppen werden besucht von Bewohnern von insgesamt 12 Dörfern und 3 Weilern. Die Dörfer sind bis zu 5, in Einzelfällen bis zu 7 km vom Zentrum entfernt.
Die 15 Ortschaften werden von etwa 10.000 Menschen bewohnt.
Die Bevölkerung dieser Gemeinden besteht aus Dalits (outcasts, offiziell SCs = Scheduled classes) und anderen extrem wenig geförderten Gemeinschaften (Officiell MBCs = most backward classes).
20 % sind Farmer mit weniger als 2 acres bewässerungsfähigem Land. (1 acre = 4.046.85 qm)
80 % sind Farmer mit weniger als 1 acre Landbesitz, sowie landlose Saisonlandarbeiter.
Die Ernährung der Bevölkerung besteht fast ausschließlich aus Reis und Dal (Hülsenfrüchten). Gemüse und Obst wurde (bisher) weder angebaut noch gegessen. Das hat sich inzwischen durch die Aktivitäten unserer Frauengruppen und unsere gehaltvolle Schulspeisung geändert. Die Analphabeten-Rate lag bisher bei 90%.
Schulbesuch: Die nahe Grundschule (Primary School) besuchten bisher nur 20 % der Kinder. Die Hälfte davon brach vorzeitig die Schule ab. Der Anteil der Mädchen war besonders gering. Anstatt die Schule zu besuchen, hüteten die Kinder die Ziegen, arbeiteten auf dem Feld und kümmerten sich um die Babys.
Die Gesamtbevölkerung hat, obwohl vorwiegend in der Landwirtschaft tätig, niemals einen Zugang zu weiterbildendem Training, Beratung und Fördermaßnahmen gehabt. Die Dörfer genossen vor unserem Eingreifen keinerlei medizinische Versorgung oder hygienische Beratung.
Die Adivasi (Ureinwohner)
60 Familien bewohnen das Dorf K., alles in allem etwa 300 Menschen. Es handelt sich um eine geschlossene Gesellschaft vom Stamme der Irular. Ehemals Schlangenfänger und Feuerholzsammler, müssen sie seit 1976 auf ihren Wald verzichten, der von der Regierung für sie gesperrt wurde. Heute fristen sie ein kümmerliches Leben als sogenannte Kulis mit minimalem Einkommen (schlecht bezahlte und wenig angesehene Hilfsarbeiten im Haushalt). Ihre Ernährungssituation war äußerst kritisch. Irgendwelche Formen von Ausbildung fürs Berufsleben waren unbekannt. Heute sorgt **DEWI SARASWATI** dafür, dass alle Kinder zur Schule gehen. Das Dorf ist aufgeblüht.
Andere Weiler der Irular sind weiter entfernt. Es gibt unterschiedliche - leider meist schwerwiegende - Probleme. **DEWI SARASWATI** ist dabei, sich derer mehr und mehr anzunehmen.

Links oben: Eine Ärztin führt im Auftrag von DEWI SARASWATI im Irular Dorf Kollamedu ein *health camp* durch. Sie wird unterstützt durch Krankenschwestern und unsere Gesundheitshelferinnen. Vor allem Frauen und Kinder werden untersucht und, falls erforderlich, behandelt. Der Gesundheitzustand wird in Kartei-Karten vermerkt.
Links unten: Unsere Gesundheithelferinnen üben Lieder und Tänze ein. Auf spielerische Weise informieren sie die Dorfbevölkerung über Hygiene, Gesundheitsvorsorge und gesunde Ernährung.

Was wir demnächst tun wollen: Zukunftsplanung 2001 - 2004
Das DEWI SARASWATI Kinderdorf in den nächsten Jahren

2001 wurde mit 20 Neuaufnahmen ins Kinderdorf die vorgesehene - gerade noch überschaubare - Zahl von etwa 80 Kindern erreicht. Die Anlage ist für eine Zahl in dieser Größenordnung gedacht. Unsere Kleinsten sind zwei Jahre alt.

Wir konnten bisher allerdings noch keine Babies aufnehmen. Da Kleinstkinder, besonders Mädchen, oft gefährdet sind, ist die Einrichtung einer Kinderkrippe sinnvoll. Könnten wir einen Schlafraum für Kleinkinder, betreut von ausgebildeten Schwestern, in Bereitschaft halten, hätten wir die Möglichkeit, kleinen Mädchen das Leben zu retten. Wir sind daher außerordentlich dankbar, dass uns die Karl Bröcker Stiftung in Geseke ab 2002 eine Kinderkrippe finanziert. Dies betrifft den Bau der Anlage, die Anstellung der Schwestern und den Unterhalt der Kinder für die nächste Zeit.

Wir sind sehr froh, dass wir eine gravierende Lücke schließen können. Wir können so Kleinkinder am Leben erhalten, die ansonsten kaum eine Chance hätten durchzukommen.

Ausbau der Vorschule zu einer Regelschule für Heim und umliegende Dörfer

Unsere Vorschule blüht und gedeiht und konnte bisher mehr und mehr Kinder aufnehmen. Sie werden größer, und so wurde 1999 eine Klasse eingerichtet, in der noch informell der Stoff des 1. Standards vermittelt wurde. Inzwischen hat die Regierung von Tamil Nadu unsere DEWI SARASWATI Happy School offiziell anerkannt.

Die Bevölkerung hatte DEWI India in den letzten Jahren mehrfach darauf angesprochen, eine Schule einzurichten. Schon früher wollten wir dem gerne entsprechen, sahen jedoch damals dafür noch keine Finanzierungsmöglichkeit. Inzwischen ist das anders geworden: Ein Spender-Ehepaar hat uns Gelder für den Ausbau einer Schule überwiesen und weitere Mittel zugesagt. Außerdem wurde unser Antrag beim BMZ bewilligt, das eine Teilfinanzierung übernimmt. Wir haben zunächst eine private, nicht konfessionell gebundene, staatlich anerkannte Primary School eingerichtet, die 5 Klassen umfassen wird. Ab 2003 wird eine vorwiegend englischsprachige Secundary School (bis zum 10. Standard) entstehen. Das Gelände dafür wird uns kostenlos von einer Gemeinde überlassen. Beide Privatschulen werden folgende Besonderheiten haben:

♦ Sie werden interreligös sein, also keine Bindung an eine Religion haben, sondern die Belange aller Religionen in der Region vertreten.

♦ Sie werden sich zusätzlich mit Fragen der Landwirtschaft und der Ökologie befassen.

♦ Sie werden eine Art von Heimatkunde pflegen. Das bedeutet: Die Kinder werden zu einer bewussten Auseinandersetzung mit ihrer eigenen Volkskultur angehalten.

♦ Sie bieten bereits die Möglichkeit der Ausbildung an Computern. (Es ist absolut dringend darauf hinzuwirken, dass die Menschen auf dem Lande – die Mehrheit der Menschen! – nicht von der technischen Entwicklung, wie sie den Ober- und Mittelschichten in den Städten zugute kommen, abgekoppelt werden.)

Es ist allgemein anerkannt in der Literatur über Entwicklungszusammenarbeit, dass die Errichtung von Bildungseinrichtungen auf dem Land am besten geeignet ist, Landflucht und Kinderarbeit schon im Ansatz zu unterbinden. Und es sei wieder und wieder gesagt: **Die Grundpfeiler jeder Entwicklung sind gute Ernährung in Verbindung mit guter Ausbildung.** Und daran fehlt es überall – insbesondere auf dem Land.

Schulbau der DEWI SARASWATI Happy Primary School mit vier Klassenräumen. Bauzustand vom August 2001. Die Schule liegt mitten im DEWI SARASWATI Kinderdorf in Kilavedu.

Arbeits- und Verdienstchancen für die unser Heim umgebenden Dörfer

Die eigenwirtschaftliche Tätigkeit der Bevölkerung soll insbesondere mit Hilfe der in den in Magalir Mantrams organisierten Frauen gefördert werden. Verschiedene Gruppen haben bereits bescheidene, derzeit noch effektive wirtschaftliche Tätigkeiten gestartet. Eine Gruppe stellt Weihrauchstäbchen her, vertreibt sie in der Umgebung (DEWI HH hilft bei der weiteren Vermarktung in der Bundesrepublik). Eine weitere Gruppe liefert Imbiss-Gebäck für Festivitäten. Andere Gruppen nützen das Verteilungsdefizit im Kleinhandel aus und packen Desinfektionsmittel, Mottenkugeln und ähnliches aus Großbehältern in kleine Flaschen und Plastiktüten ab, und verkaufen die so gewonnen Packungsein-heiten. (Das bringt momentan noch Gewinn. Im Rahmen der Globalisierung dürften aber größere Handelsorganisationen in absehbarer Zeit diese Lücken schließen.)
Die Frauengruppen sind jedenfalls inzwischen so weitgehend etabliert, dass der Aufbau von langfristig ertragreichen Existenzgrundlagen durch Kreditfonds (rotating loans, etwa nach dem Beispiel der in Bangladesh tätigen Grameen Bank des Muhammad Yunus, siehe "Der Spiegel" Nr. 32, 7-8-2000 S. 64) als erfolgversprechend erscheint. So haben wir ab 2001 mit Unterstützung durch das BMZ die Entwicklung von Landwirtschaft und Kleinproduktion auf dem Land über Kreditfonds in Angriff genommen. Es geht um folgende Verdienstmöglichkeiten:
Schneiderei. Eine vorhandene vom Sangam in Indira Nagar betriebene Minischneiderei erhält weitere drei Nähmaschinen mit Fußantrieb und einen kleinen Stoffvorrat.

Gefertigt werden unter dem Sari zu tragende Blusen und Unterröcke. Die Absatzmöglichkeiten innerhalb des Projektgebietes sind noch nicht ausgeschöpft. Darüber hinaus lernt die Gruppe, preiswerte Kleidung für die Kinder unseres Heimes anzufertigen.

- ♦ Ausgewählte geeignete Familien erhalten ebenfalls im Rahmen der Kreditfonds Wasserbüffel-Paare. Das ermöglicht die Selbstversorgung mit Eiweiß, aber auch den Verkauf von Überschüssen. Wasserbüffel-Milch ist keine Trinkmilch, dient jedoch zur Gewinnung von Joghurt und Ghee (Butterschmalz). Beides lässt sich zu einem guten Preis in der Stadt absetzten. (Verkauf von Kuhmilch muss über die staatlichen Molkereien erfolgen und lohnt sich wegen des niedrigen Preises für Kleinproduzenten nicht).

- ♦ Produktion und Vertrieb von Vembu-Produkten: Im Heimgelände und in der Umgebung wächst der Vembu-Baum (Azadirachta Indica) . Seine Blätter enthalten heilende, desinfizierende und Insekten abwehrende Stoffe. Vembu-Produkte werden seit 2000 Jahren vielfältig angewandt. DEWI India und die Sangams sind wohl in der Lage, die Blätter und Früchte zu sammeln und zu trocken. Es bestehen dafür Exportmöglichkeiten. Dies würde aber bedeuten, dass die indischen Gruppen weiterhin nur als Rohstoff-Lieferanten aufträten. Der Verarbeitungsgewinn würde außer Landes verlegt. (Die wesentliche Ursache der Verelendung der kolonialisierten Länder war die gewaltsame Umstellung ihrer Wirtschaft auf die ausschließliche Produktion von Rohstoffen.) Sinnvolle existenzsichernde Maßnahmen müssen daher die Verarbeitung von Produkten mit umfassen. Ziel ist die Schaffung leistungsfähiger Klein-Handwerks-Betriebe, die ihre Produkte sowohl in der Umgebung, als auch auf dem Weltmarkt absetzen.

Bei der Prüfung dieser Fragen sind wir auf die Tatsache gestoßen, dass bestimmte westliche Konzerne, vor allem in den USA, in Verbindung mit der staatlichen Administration versuchen, pflanzliche Produkte, die in den Ländern des Südens traditionell schon seit Jahrtausenden hergestellt werden, patentieren zu lassen. Dies bedeuten, dass als Folge davon die Einfuhr von Produkten, die im Süden mit geringem Kostenaufwand herzustellen sind, in Industrieländern unterbunden werden kann. Wir meinen daher, dass die Patentämter größte Zurückhaltung bei der Patentierung von Naturprodukten zu üben haben.

Adivasi Dörfer - flächendeckende schulische Ausbildung

Die Lage der Ureinwohner Indiens (Adivasi = Ureinwohner) ist generell äußerst schwierig (S. 19). DEWI SARASWATI ist mit diesem Problem ganz real konfrontiert worden. Bei einem Besuch in einem Irular Dorf wurden wir spontan gebeten, doch noch mehr Kindern den Besuch einer guten Schule zu ermöglichen. Wir unterstützen in dem Dorf, von dem aus noch 1995 kein einziges Kind zur Schule ging, inzwischen alle 42 schulpflichtigen Kinder und ermöglichen ihnen den Besuch der privaten Allison Cassie Schule. Dort werden sie wirklich gefördert und respektiert. (In den erreichbaren Government Schools werden die Adivasi-Kinder diskriminiert und nicht gefördert.) Wir haben uns über diese Bitte der Irular-Gemeinde sehr gefreut, denn diese Stammesleute sind Fremden gegenüber außerordentlich misstrauisch - leider meist zu recht. Wir sind wirklich stolz darauf, dass wir das Vertrauen dieser freundlichen, aber bisher immer zurückgesetzten Minderheit gewonnnen haben. So haben wir uns entschlossen, in Zukunft alle Kinder in mehreren Irular-Dörfern noch konsequenter zu fördern.

Ausbildung ist wichtig, damit die herangewachsenen Irular-Kinder selbst in absehbarer Zeit ihre Gemeinschaften als Ärzte, Lehrer und Anwälte fördern und schützen können.

Kinder aus dem Irular Dorf K. Sie sind zu Besuch im DEWI SARASWATI Kinderdorf, um anlässlich eines Festes vorzusingen und vorzutanzen.

Adivasi Dörfer – Verbesserung der Lebensbedingungen und der Arbeitschancen der Ureinwohner

Zusätzlich haben wir aber jetzt, da wir uns des Vertrauens der Irular sicher sein können, die Chance etwas für die Dorfgemeinschaften zu tun.

Es ist ja nicht besonders sinnvoll, wenn die Kinder auf der einen Seite in eine gute Schule gehen, andererseits aber, sobald sie wieder zu Hause sind, unter Hunger und Mangelernährung leiden, in Hütten hausen, in die das Wasser eindringt. Die Kinder brauchen zusätzliche Förderung in der Ausbildung und müssen auch dadurch motiviert werden, dass sie sehen, wie ihre Eltern durch zusätzliche Ausbildung aus ihrem Elend heraus kommen. Derzeit arbeiten die Väter und Mütter als kaum bezahlte Kulis in Haushalten oder brechen Steine. Wir von DEWI SARASWATI haben bereits feststellen können, dass Förderung einzelner Kinder dann viel effektiver wird, wenn das gesamte Umfeld gefördert wird. Diesen umfassenden Ansatz für Entwicklungszusammenarbeit wollen wir auch im Falle der Irular Dörfer zum Tragen bringen. Die Adivasi benötigen intensives Training in Landwirtschaft, Bautechnik, Ernährung und Gesundheitsfürsorge. Damit haben wir 2001 bereits begonnen. Das Dorf K., das schon seit längerem von uns betreut wird, benötigt auch ein Gemeindehaus für die Versammlungen der Frauengruppe, Erwachsenbildung, Nachhilfe für Schulkinder und medizinische Betreuung. Da uns das BMZ dabei unter die Arme greift, können und werden wir 2002 das Gemeindehaus errichten.

Im besonders armseligen Weiler Th. konnten wir bereits Mitte 2001 mit Hilfe der Karl
Bröcker Stiftung ein Kinderhaus errichten und Vorschul-Unterricht mit Schulspeisung
einführen. Es galt dringendst Kinder vor den Folgen von Mangelernährung zu bewahren.
Im entfernteren M. wohnen 50 Irular und 80 Dalit Familien. Ein Schulgebäude ist im Bau.
Der Vorschulbetrieb wurde eingerichtet. Von den Irular dort arbeiten in der Regel beide
Elternteile, aber auch älterer Kinder in "bounded Labour" (arbeitsverpflichtet) gegen viel
zu geringes Entgelt im Steinbruch. Ihre Situation ist unerträglich und muss unbedingt
geändert werden. Wir sind uns darüber im Klaren, dass das ein sehr schwieriges Unter-
fangen ist. Dennoch müssen und wollen wir an dieser Aufgabe dran bleiben.

Adivasi heißt wörtlich übersetzt Ureinwohner. Gemeint sind damit selbstständige Volksgruppen mit eigener
Sprache und einer mehr oder weniger erhaltenen naturnaher Lebensweise. Ethnologen sprechen von Ethnien,
was von denen, die nicht fachlich ausgebildet sind, ebensowenig verstanden wird, wie der im Rahmen der
"Political Correctness" verwendete Begriff "indigene Völker". Da das lateinische *indigena* wörtlich
"Eingeborener" bedeutet und dies tatsächlich recht herablassend klingt, ziehen wir den Begriff "Ureinwohner"
vor - zumal unsere Irular-Freunde tatsächlich zu den ältesten Völkern Südindiens zählen dürften.

Aufgaben für die weitere Zukunft

Eine Hauptaufgabe ist die Sicherung der Wasserversorgung für Irular-Siedlungen und
einige Dalit-Dörfer. Mit Einzelmaßnahmen ist es nicht getan. Erforderlich sind:

- Eine gründliche Untersuchung der Situation. Suche nach den zweckmäßigsten
  Lösungen.
- Ankauf von Grund und Boden für die Wasserversorgungs-Einrichtungen, bzw.
  Sicherung der entsprechenden Landrechte.
- Bau der Anlagen wie Rückhaltebecken, Zisternen, Tiefbrunnen, Pumpen.
- Ausbildung von Dorfbewohnern und Mitarbeitern von DEWI SARASWATI in der
  Wartung und im Neubau solcher Einrichtungen.

Diese Aufgabe befindet sich noch in der Vorplanung, bedarf aber dringend einer Lösung.
Sie lässt sich überdies gut mit zusätzlichen Entwicklungsmaßnahmen kombinieren.

Situation in Indonesien - Patenkinder

In Indonesien unterhalten wir Ausbildungspatenschaften, die von Hilfspersonen - Nyoman
Hadicipta, der Deutschlehrerin Sri Rahayu und Pak Roichan - betreut werden. Wir
hatten 1998 6 Patenschaften, 1999 auch durch die Bemühungen unseres Mitgliedes
Rosemarie Vormbrock 8. Ab 2001 sind es 10. (Näheres Seite 76.)
Wir haben inzwischen durch Vermittlung von Frau und Herrn Henkman in Bali Verbin-
dung mit Herrn Susila aufgenommen. Nach seiner Ausbildung in Hamburg arbeitet er
heute als Reiseleiter, beschäftigt sich aber auch mit Sozialprogrammen verschiedener
Art, wie der Errichtung von Schulen. Er bat um Unterstützung durch DEWI SARASWATI
Hamburg. Dabei geht es ihm zunächst mehr um moralische als um finanzielle Unterstützung. Er meint, dass er ohne den Namen einer auswärtigen Organisationen in
Indonesien nicht Ernst genommen würde. Wir stehen in Kontakt mit ihm per eMail und
haben nun folgende Konzept entworfen: Wir werden ihm für die nächsten drei Jahre
gestatten, sich als mit uns assoziiert zu betrachten. Das beinhaltet für uns keine finanziellen Verpflichtungen. Er wird in der Zwischenzeit eine NGO (Non Government Organisation) in Bali, möglicherweises unter dem Namen **DEWI SARASAWATI** Bali, gründen
und ein langfristiges Sozialprogramm ausarbeiten. Wir werden ihn dabei beraten. Nach
Ablauf von 3 Jahren wird Bilanz gezogen und festgelegt, wie weiter verfahren werden soll.

Die Patenkinder in Indien

Abkürzungen:

SC   = ***scheduled caste***, die in der indischen Verfassung genannten Gruppierungen, die als unterhalb der Kasten stehend angesehen werden. Sie selbst nennen sich Dalits.

MBC   = ***most backward class***, niedrige, wenig angesehene Kasten.

ST   = ***scheduled tribe***, in Listen erfasste Stammesbevölkerung, sog. Adivasi (Ureinwohner), auch als Stammesleute (tribals) bezeichnet. Wir haben mit dem Volk der Irular zu tun.

Pre-KG = Pre-Kindergarden, Vorkindergarten.
LKG   = Lower Kindergarden, Unterstufe Vorschule.
UKG   = Upper Kindergarden, Oberstufe Vorschule.
Standard = Klasse

Namen:
Die Namen werden aus der tamilischen in die lateinische Schrift übertragen. Dabei kommt es häufig zu recht unterschiedlichen, manchmal irritierenden Schreibweisen.

Kinder im Kinderdorf
Die Kinder leben im Kinderdorf, viele gehen auch in die heimeigene Schule.

Sharmila hat einen Stiefvater, der sie nicht um sich haben mag. Bevor sie in unser Heim kam, lebte sie bei der Großmutter in Beedi Nagar. Das ist das Dorf, in dem sie alle Beedis (indische Zigaretten) fertigen. Aber ihre Großmutter ist alt und dazu nicht mehr in der Lage. Sie schlägt sich mit Kleinhandel durch. Um Sharmila kann sie sich nicht mehr kümmern, schaut aber zwischendurch nach dem Kinde. Die Mutter liebt das Kind sehr, aber sie kann es wegen des Stiefvaters nicht bei sich haben. Sharmila möchte immer wieder einmal ihre Mutter sehen. Sie geht dann zur Großmutter und die bringt sie zur Mutter. Aber die Mutter lebt in einem fast 200 km entfernten Dorf. Das Kind kann daher die Mutter nur an Muslim-Festen sehen und hat sie auch immer am Ramadan besucht. An Pongal (Fest der Tamilen zu Anfang des Jahres) oder an christlichen Festen bleibt sie im Heim. Sharmila sehnt sich sehr nach Liebe und Zuneigung.

Sie ist sehr nett und aktiv, lernt ausgesprochen gut, kümmert sich auch um die Kleinen und fühlt sich im Heim sehr wohl. 2000: 9 Jahre alt, 4.Standard,
2001: 5. Standard. Sharmila ist sehr erwachsen geworden. Sie kümmert sich um die kleineren Kinder, will Lehrerin werden und bei uns arbeiten. Sie tanzt hervorragend klassischen indischen Tanz. Ihre Großmutter, ihre wichtigste Bezugsperson in der Familie, ist verstorben. Muslim.

Maragatha Valli, ein starkes Mädchen, sehr dominant. Sie kommt von Beedi Nagar, wie Sharmila, doch sie ist kein Muslim, sondern ein Hindu-Mädchen. Sie hat noch einen älteren Bruder. Der Vater verließ jedoch seine erste Frau, ihrer beider Mutter, und nahm eine andere Frau. So heiratete ihre Mutter auch einen Anderen. Der Stiefvater lehnt Maragatha Valli ab. Außerdem wird das Kind zunehmend reifer und die Mutter fürchtet daher, dass irgend etwas passieren könnte mit dem Kind und dem Vater. Sie leben in einer winzigen Hütte in einem Raum und der Vater benimmt sich sehr schlecht und schamlos. Das Kind weiß über alles Bescheid. Unsere Trust-Mitglieder äußerten anfangs Bedenken, das Kind zu behalten. Der Grund ist, dass Maragatha Valli alles über das Verhalten von Erwachsenen weiß und es auch mitteilt. Für die indische Gesellschaft ist das schwer zu ertragen. Seit das Kind im Heim lebt und nichts mehr mit all den Sachen zu tun hat, geht es allmählich besser. Zu Hause besteht das Problem, dass auch die Mutter ein dominanter Charakter ist. Ihre Nachbarn behaupten, sie führe kein anständiges Leben. Das ist nicht sehr üblich in Indien. So gibt es einige Gründe dafür, dass Maragatha Valli bei uns besser aufgehoben ist, als zu Hause. Die Mutter besucht das Kind alle zwei Monate, ist sehr glücklich darüber, dass es eine gute Ausbildung erhält und die Chance für ein besseres Leben. Maragatha Valli ist gut in der Schule, eine gute Tänzerin. Sie hat auch eine laute und ausdrucksvolle Stimme.

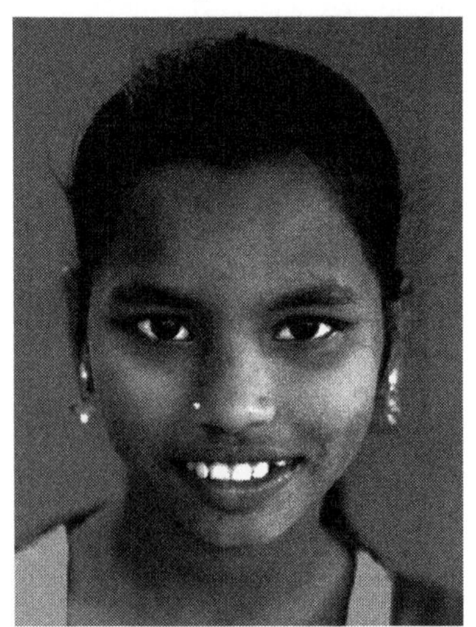

(Meinem Eindruck nach ist Maratagha Valli ein sehr begabtes und engagiertes Mädchen - etwas rauher, nicht so zart wie die anderen Mädchen, eher eine Kämpfernatur, die sich für Gerechtigkeit und die sozial Unterprivilegierten einsetzt - ein interessanter Charakter. Sie schätzt es, wenn man sie mit ihrem Necknamen Phoolan Dewi ruft [bekannte ehemalige Anführerin von Räubern, sehr sozial engagiert. Im Juli 2001 ermordet.]).

Maragatha Valli tritt sehr kraftvoll auf. Sie erlaubt nicht, dass fremde Kühe auf unserem Feld grasen oder fremde Frauen bei uns Gras schneiden. Sie fühlt sich für die Landwirtschaft verantwortlich. Sie passt aber auch sehr gut auf die kleineren Kinder auf. Sie hat ein ausgeprägtes soziales Verantwortungsgefühl. Werden Hindufeste gefeiert, geht sie gerne für ein oder zwei Tage nach Hause, kommt immer zur rechten Zeit zurück und bringt auch stets Gebäck und Süssigkeiten mit. Das verteilt sie an die Kinder und den *staff*. Sie weiß schon heute, dass sie Lehrerin werden will.

2000: 11 Jahre alt, 5. Standard Primary School.

2001: 6. Standard. Sie ist sehr engagiert und die einzige, die die neuen Kinder animiert, sich im Kinderdorf einzugewöhnen. Hindu.

Alamelu und ihre kleine Schwester Lakshimi wurden zunächst als „education children" unterstützt und lebten in ihrer Familie. Alamelu ging zur Schule, die kleine Lakshimi war in einer Pre-school. Beide Kinder machten sich sehr gut. Dann passierte es: Die Mutter wurde tot aufgefunden, mit Benzin übergossen und verbrannt (1996) - angeblich eine Selbsttötung. Der Vater, ein Alkoholiker, verließ gleich darauf mit einer neuen Frau die Stadt und nahm die Kinder mit. Zunächst war der Aufenthaltsort unbekannt. Während der Regenzeit wurde die kleine Lakshimi sehr krank (vermutlich Cholera). Niemand war da, der sich um das Kind kümmerte. Es verstarb (1997). Wenn wir damals schon unser Heim (und vor allem eine Kinderkrippe!) gehabt hätten, wäre dem vorzubeugen gewesen. Für uns war das ein Signal, Alamelu mit Bruder Manikandam und Schwester Nadya dort herauszuholen und ins Heim zu geben.

Alamelus in Chingleput lebende Tante hat dann erreicht, dass der Vater alle drei Kinder dem **DEWI SARASWATI** Heim überließ. Alamelu gehört zu den ersten, die im Frühjahr 1998 in unser Heim einzogen. Sie war damals 7 Jahre alt. Sie ist sehr gutmütig, sehr hilfsbereit, geht gerne zur Schule. (Wir haben sie in den letzten drei Jahren im Heim beobachten können. Sie ist ein ausgesprochen fröhliches und trotz der wirklich sehr schweren Zeit, die sie durchlebt hat, ein ausgeglichenes und nettes Mädchen. Sie liebt es, für kleinere Kinder zu sorgen.) Zum Pongal Fest im Januar besuchte sie mit Manikandam und Nadya den Vater. Sie mag sich da aber nicht länger aufhalten. So kam sie gleich mit Manikandam zurück. Nadya dagegen (s.u.!) wurde vom Vater gegen ihren Willen zurückgehalten. Alamelu will im Heim bleiben.

Im Kinderdorf ist das aktive, intelligente und inzwischen auch selbstbewusste Mädchen wirklich glücklich. 2000: 9 Jahre, 4. Standard Appaji Primary School.
2001: 5. Standard. Hat sich sehr gut entwickelt. Tanzt hervorragend traditionelle Tänze, fühlt sich für das Kinderdorf und was darin vorgeht verantwortlich. Hindu.

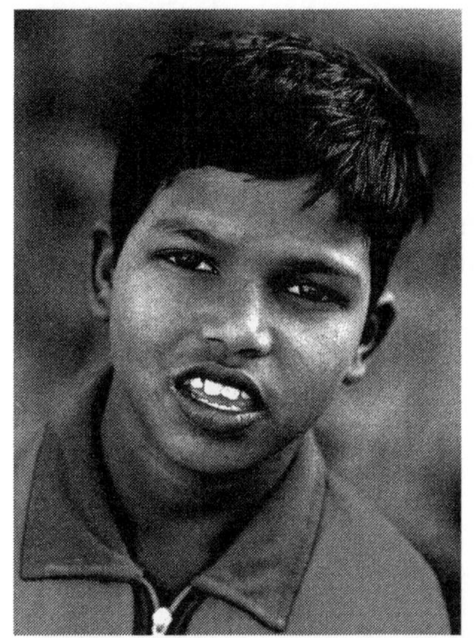

Manikandam fühlt sich wie Alamelu ebenfalls im Kinderdorf wohl. Er ist ein sehr glückliches und fröhliches Kind. Damals, als er kam, war er sehr kränklich. Aber er wurde regelmäßig im Government Hospital behandelt und bekam gutes Essen. So hat er sich schnell erholt.
Ein Problem war, dass der Vater ihn häufig zu sich nach Hause nehmen wollte. Er denkt, weil es sich um einen Jungen handelt, müsse er sich doch um ihn kümmern. Der Junge will immer ins Kinderdorf zurück, denn die Stiefmutter hat nicht viel für ihn übrig, weil sie mit dem Vater ein eigenes Kind hat. Jetzt, nach den Querelen um Nadya, werden alle Kinder auch über die Feiertage und Ferien im Heim bleiben. Ein sehr guter Freund von ihm ist Thanidaram. Beide kümmern sich mit Vorliebe um die (halbwilden) Hunde bei uns im Kinderdorf. Sie spielen Wächter und versuchen sogar des Nachts darauf zu achten, dass niemand von Außen ins Heim eindringt. Die Beiden fühlen sich jetzt schon verantwortlich für die Sicherheit der kleinen Mädchen. Sie werden in Zukunft aktiv zur Sicherheit unseres Heimes beitragen. 2000: 7 Jahre, 3. Standard Appaji Primary School.
2001: Gleich nach Sudhas Tod wollte der Vater unbedingt den Jungen um sich haben. Manikandam litt darunter. Die Eltern ließen ihn nicht zur Schule und sorgten nicht gut für ihn, so dass er stark abnahm, krank wurde und Hautausschläge bekam. Er musste ins Krankenhaus. In dem Moment setzten es die Schwestern Nadya und Alamelu durch, den Jungen zurückzubringen. Seitdem gibt der Vater Ruhe. Manikandam will unbedingt im Kinderdorf bleiben und fühlt sich da wohl. 4. Standard. Hindu.

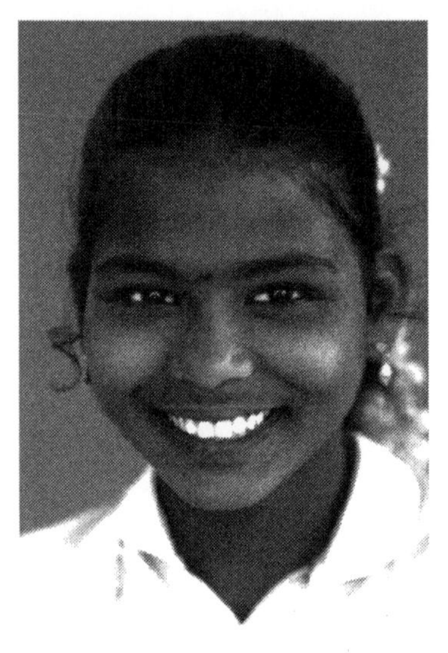

Nadya ist die ältere Schwester von Alamelu und Manikandam. Sie konnte volle zwei Jahre nicht zur Schule gehen, so dass wir sie auf den dritten Standard zurückstellen mussten. Ihr Vater hatte sie aus der Schule genommen und ließ sie auf Lakshmi, das Schwesterchen, das dann verstarb, aufpassen. Nadya hatte nur eine Chance - dass wir sie ins Heim nehmen und zur Schule schicken. Sie benötigt intensive Nachhilfe, hat viel zu wenig mitgekriegt, aber sie ist intelligent und holt auf. Nadya will zwar hier bleiben und lernen, aber der Vater versucht, sie immer wieder zu sich zu holen, damit sie Saroja hütet, das Baby der Stiefmutter. Doch die Verwandten und das Dorf wissen, dass der Vater ein Problemfall ist und wollen das nicht. Sie war am 13. Januar 2000 zum Pongalfest zu ihrer Familie gegangen. Der Vater erlaubte es ihr jedoch nicht, zurück zu kommen. Sie musste für das Baby ihrer Stiefmutter sorgen, den Haushalt machen, und vor allem das Essen für den Vater bereiten.

Sie wollte das nicht, und verließ das Haus ohne Erlaubnis ihres Vaters. Die Dorfleute aber griffen sie auf und brachten sie zurück. Zugleich wurde jedoch ein Treffen des Panchayat (Ältestenrates) einberufen. Und der entschied, dass es besser für Nadya sei, sie ins Kinderdorf zurückkehren zu lassen.

Nadya hatte um die Zeit gerade ihre Reife erreicht und wirkte schon recht entwickelt. Angesichts der ausgesprochen schwierigen Verhältnisse im Hause ihres Vaters wäre es für sie zu gefährlich, dort zu bleiben. Zu unser aller Erleichterung kam dann Nadya ins Heim zurück, allerdings blass, hungrig und völlig abgezehrt. Alle Geschwister sind sich darin einig, überhaupt nicht mehr in ihr sogenanntes „Vaterhaus" zurückzukehren.

Ende Februar nahmen alle Kinder im Heim an einer (in Tamil Nadu üblichen) Reifefeier für Nadya teil, die von ihren Pateneltern unterstützt wurde. 2000: Vielleicht 12 oder 13, oder noch älter, jedoch erst in der 5. Klasse Appaji Primary School. 2001: 6. Standard. Sie macht sich in der Schule gut heraus. Da sie schon etwas älter ist neigt sie dazu sich den Hausmüttern anzuschließen. Hindu.

Sudha, Stiefschwester von Alamelu, Nadya und Manikandam. Alamelus Vater heiratete nach dem Flammentod seiner letzten Frau (als 3. oder 4. Frau) die Mutter von Sudhas und von Breetha, deren jüngerer Schwester. Mit der Mutter hat der Vater jetzt noch ein anderes Kind bekommen. Seine Stieftochter Sudha wollte er jedoch nicht um sich haben. Sudha war ein sehr gutes und intelligentes Kind, sehr aktiv, lernte sehr gut. Sie hat viele Preise in der Schule gewonnen. Überdies war sie auch noch außerordentlich einfühlsam und freundlich Sie liebte die

Sudha

anderen Kinder und half ihnen, wo sie nur konnte. Sie war besonders beliebt im Heim, u. a. auch deshalb, weil sie so sozial engagiert war. Sudha tanzte gut und sang schön. An der Schule erbrachte sie Spitzenleistungen.

Sudha hatte - vermutlich durch frühere Vernachlässigung und Unterernährung in der Familie bedingte - gesundheitliche Probleme. Eine Untersuchung mit einem Scanner ergab, dass Flüssigkeit im Gehirn war. Daher musste sie im 2. Halbjahr 1999 ins Hospital. Im Januar 2000 war sie wieder völlig hergestellt, nur sehr abgemagert. Am 6. März kehrte sie in einem Dreirad-Mietwagen von einer Untersuchung im Hospital zurück. Ein betrunkener Truckfahrer hat das Fahrzeug, in dem sie saß, angefahren. Sie starb sofort. 11 Jahre alt war sie geworden. Sie wollte sich der sozialen Arbeit widmen, hat in einem kleinen Spiel im Heim im Februar noch die Rolle der Sozialarbeiterin übernommen. Sie hatte die Absicht, Jura zu studieren, um dann Collector (etwa "Distriktsobmann") zu werden, um ihre sozialen Vorstellungen effektiv durchsetzen zu können. Es ist ein Jammer, dass daraus nichts geworden ist.

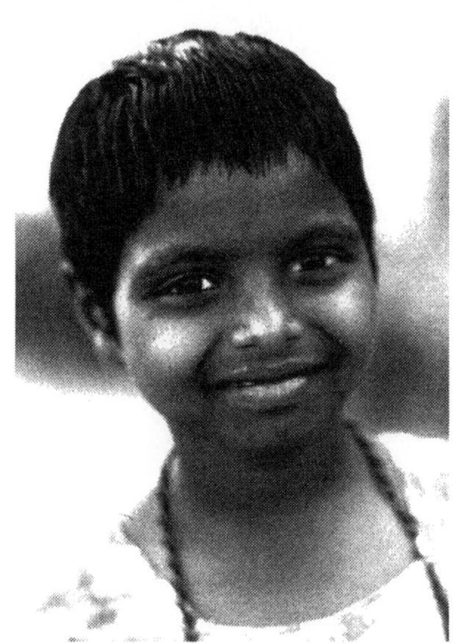

Breetha ist die jüngere Schwester von Sudha. Breethas Mutter hat nach dem Tod von Breethas und Sudhas Vater Nadyas Vater geheiratet. Die Mutter und der Stiefvater haben jetzt einen zweijährigen Sohn. Der Stiefvater will Breetha nicht um sich haben. Die Mutter streitet sich ständig mit ihrem Mann. Breetha ist sehr ruhig. Wegen der Schwierigkeiten in der Familie war sie, als sie ins Heim kam, zunächst sehr verwirrt. Aber sie hat niemals geweint oder Heimweh gehabt. Sie wurde viel ausgeglichener und schätzte es, im Kinderdorf zu leben. Über ihre schulischen Leistungen ließ sich noch wenig sagen. Auf jeden Fall bedurfte und bedarf sie dringend der Fürsorge und Zuwendung. 2000 : ca. 7 bis 8. Jahre alt, 2. Standard Appaji School, Hindu. 2001: Die extrem egoistische Mutter hat Breetha nach Suddhas Tod zurück-

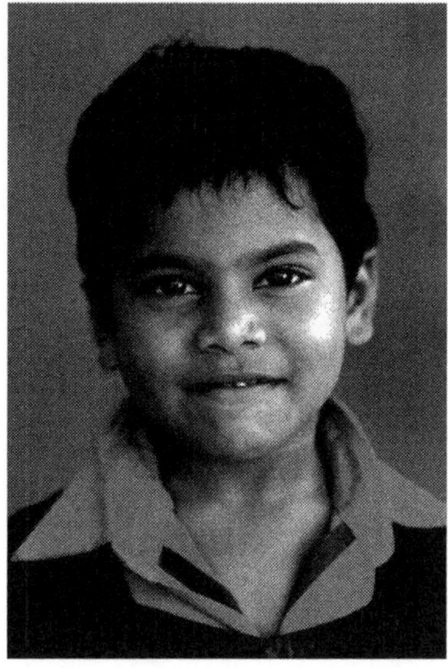

geholt. Breetha soll dort den Haushalt versorgen und hat keine Chance, ihre Ausbildung abzuschließen. Wir werden weiterhin versuchen zu erreichen, dass sie wieder im Kinderdorf leben kann.

Muthulakshmi ist ein ganz kleines Mädchen. Ihre Mutter arbeitet als Kuli auf dem Bau. Der Vater stammt aus einem Dorf bei Pondicherry. Doch der Mann verliebte sich in eine andere Frau in der Nachbarschaft und ging mit ihr auf und davon. Die alleinstehende Mutter konnte mit dem Kind in dem ihr völlig fremden Dorf ohne jeglichen Rückhalt nicht weiterleben und ging nach Chingleput. Sie haust in einer Slumhütte und geht von da aus ihrer täglichen Lohnarbeit nach. Niemand ist da, der währenddessen

auf das Kind aufpassen kann. So bat die Mutter uns, dass wir das Kind aufnehmen. Muthu ist immer sehr fröhlich, ausgesprochen freundlich, hat hier niemals Ärger gemacht. Sie liebt es, zur Pre-school zu gehen. Ihre Mutter kommt manchmal, um sie für die Feiertage abzuholen. Aber eigentlich mag Muthu gar nicht so gerne nach Hause gehen. Sie fühlt sich in unserem Heim ganz zu Hause. Sie ist sehr selbstbewusst. Wenn sie erst größer ist, wird sie sich auch für das ganze Heim verantwortlich fühlen.
2000: 4 ½ Jahre alt, untere Klasse der heimeigenen Pre-school.
2001: UKG. Das Kind ist größer und stärker geworden, hat sich gut eingewöhnt. Sie mag es, andere Kinder zu beraten, wenn sie neu in unser Kinderdorf kommen. Hindu.

Thulasi ist ein Mädchen, das von den Frauen des Dorfes, die bei den Neubauten für **DEWI SARASWATI** halfen, gebracht wurde. Als die in Kolatur, einem Dorf in der Nähe, arbeiteten, entdeckten sie, dass sich das Kind auf der Straße herumtrieb. Thulasis Mutter ist mental sehr schwer beeinträchtigt und nicht in der Lage, sich um das Kind zu kümmern. Der Vater, ein Säufer, verließ die Familie und nahm eine andere Frau. So lief das Kind überall herum und bat hier und dort um Essen. Also fragten die Frauen bei uns an, ob das Kind ins Kinderdorf aufgenommen werden könne. Thulasi lernt nun im 1. Standard und fühlt sich inzwischen auch sehr wohl bei uns. Manchmal leidet sie unter Heimweh, denn ihr ist schon bewusst, dass ihre Mutter niemals kommen wird, um sie zu besuchen. Der Vater kommt, bringt ihr gelegentlich einige Früchte, aber er nimmt sie niemals, auch nicht zu den Festtagen, mit nach Hause.

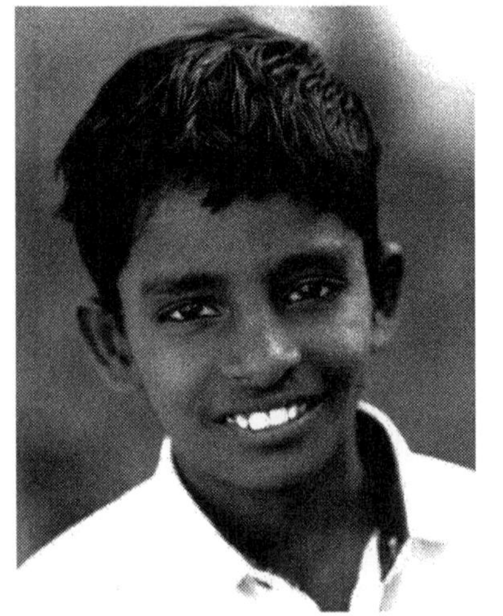

2000: 1. Standard, ca. 5 Jahre alt,
2001: 2. Standard. Ihre Mutter ist unlängst verstorben.
Im Kinderdorf hat sich Thulasie inzwischen sehr gut eingewöhnt. SC (Outcaste), Hindu.

Thanidaram stammt aus Vallam, einem Dorf hier ganz in der Nähe. Seine Mutter verlor ihren Mann vor einigen Jahren (1997). Sie hat keinen regulären Lebensunterhalt. Als wir sie trafen, weinte sie und sagte: „Seht, das sind die Bedingungen, unter denen wir leben müssen. Ich verkaufe, um etwas Geld zu haben, schwarz gebrannten Schnaps. Ich weiß, das ist falsch, was ich tue. Aber ich kann nichts machen. Und ich möchte, dass das Kind nicht bei mir leben muss unter diesen Umständen." So lebt der Junge jetzt im Heim. Er begreift, dass seine Mutter etwas macht, was nicht richtig ist und dass sie ständig Angst vor der Polizei hat. So werden wir ihr helfen etwas anderes zu tun, vielleicht einen Kleinhandel aufzumachen. Der sehr nette Junge ist glücklich im Heim und dick befreundet mit Manikandam.

2000: 7 Jahre alt, 3. Standard Primary School;
2001: 4. Standard. Ruhiger und freundlicher Junge.
Er kümmert sich zusammen mit Gopi vor allem um die
Ziegen. Hindu.

Shamila Dewi hat wirklich sehr unter ihren Famili-
enverhältnissen gelitten. Der Vater hat die Familie
verlassen. Die Mutter, Esther Saraswathi, war sehr
krank und konnte überhaupt nicht arbeiten. Shamila
wurde in der Government Schule, in die sie zunächst
ging, schikaniert. Sie musste immer Kaffee holen und
allerlei andere Dienstleistungen verrichten. Zum
Lernen kam sie nicht. Ihre Mutter wurde, abgezehrt
wie sie war, zunächst als TBC Patientin eingestuft.
DEWI SARASWATI hat ihr einen Krankenhaus-
aufenthalt ermöglicht. Es stellte sich heraus, dass sie
herzkrank war. Sie wurde operiert und es geht ihr von
da an wesentlich besser.

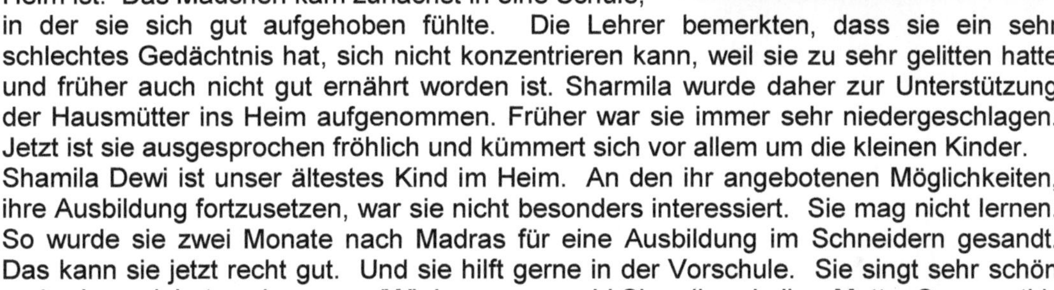

Die Mutter ist sehr glücklich, dass Shamila Dewi im
Heim ist. Das Mädchen kam zunächst in eine Schule,
in der sie sich gut aufgehoben fühlte. Die Lehrer bemerkten, dass sie ein sehr
schlechtes Gedächtnis hat, sich nicht konzentrieren kann, weil sie zu sehr gelitten hatte
und früher auch nicht gut ernährt worden ist. Sharmila wurde daher zur Unterstützung
der Hausmütter ins Heim aufgenommen. Früher war sie immer sehr niedergeschlagen.
Jetzt ist sie ausgesprochen fröhlich und kümmert sich vor allem um die kleinen Kinder.
Shamila Dewi ist unser ältestes Kind im Heim. An den ihr angebotenen Möglichkeiten,
ihre Ausbildung fortzusetzen, war sie nicht besonders interessiert. Sie mag nicht lernen.
So wurde sie zwei Monate nach Madras für eine Ausbildung im Schneidern gesandt.
Das kann sie jetzt recht gut. Und sie hilft gerne in der Vorschule. Sie singt sehr schön
und schauspielert auch gerne. (Wir kennen sowohl Shamila, wie ihre Mutter Saraswathi,

seit 6 Jahren. Ursprünglich waren beide abgezehrt,
verhärmt und traurig. Beide sind in der Zwischenzeit
in geradezu unwahrscheinlicher Weise aufgeblüht,
sehen gut aus, sind lustig, lachen viel und wirken
wesentlich jünger als zur damaligen Zeit.)
2000: 16-17 Jahre alt, lebt und hilft im Heim als „ältere
Schwester", ersetzt voll eine Hausmutter. 2001:
Shamila DEWI hilft im Heim, ist sehr ausgeglichen und
Hilfsbereit. Hindu.

Sangeetha G. (1) ist am 25.1.97 geboren. Der Vater
Goumdaroy, ein Bauer, hat die Familie verlassen und
lebt mit einer anderen Frau in Madras. Ihre Mutter
Vijayalakshmi arbeitet als Hausmagd, erhält ein Taschen-
geld von umgerechnet € 2.50.- im Monat.
Vijayalakshmi wurde von ihrem Mann schwer
geschlagen, war daraufhin leidend und versuchte
(angeblich!) sich selbst zu verbrennen. Ihre Nachbarn
haben sie gerettet. Der Vater Sangeethas kommt leider

noch oft, um die Mutter gegen ihren Willen zu besuchen und zu belästigen. Das Kind interessiert ihn nicht. Nachdem wir Sangheeta in das Heim genommen haben, kann die Mutter wieder ihr eignes Leben führen. Die Mutter sollte eigentlich ins Heim aufgenommen werden. Das ging nicht, weil der Vater ständig versuchte, hier zu erscheinen und sie zu stören. Die Frau ist sehr ängstlich, nur 21 oder 22 Jahre alt. Und dann hat sie noch einige Verwandte, die ihr in den Ohren liegen, sie müsse im Haus ihres Mannes im Slum bleiben, damit das der Familie nicht verloren geht. (Sangheeta ist wirklich winzig, leicht wie eine Feder. Sie hat schweres durchgemacht, fühlt sich im Heim aber sichtlich wohl, ist immer freundlich und guter Lauen und inzwischen schon wieder sehr zutraulich. Ein ganz liebes Kind.). 2000: 3 Jahre alt, UKG - Grundstufe der heimeigenen Vorschule. 2001: Das Mädchen ist sehr kräftig geworden, hat auch eine laute Stimme. Sie tanzt und singt sehr gern und spielt lebhaft mit den anderen Kindern. Die Mutter ist glücklich, dass Sagheetha im Kinderdorf gut aufgehoben ist. Hindu.

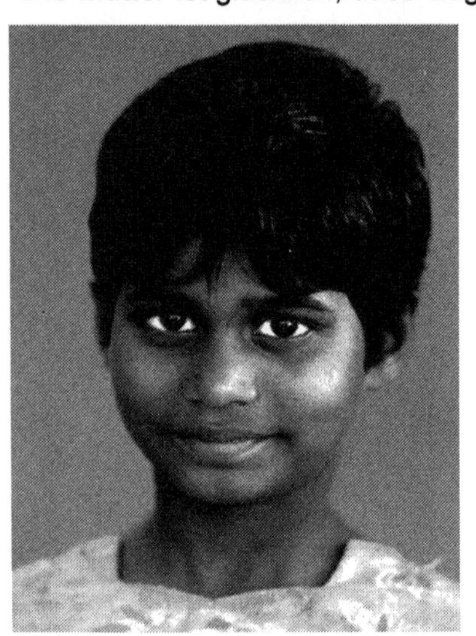

Divya C. ist Shamila Dewis Cousine. Sie ist ein sehr aktives Kind, sehr fröhlich und sehr charmant. Sie leidet darunter, dass der Vater Chinnathambi die Mutter Danam verließ, wie das auch der Vater von Shamila Dewi gemacht hat. Die Mutter lebt mit Shamila Dewis Mutter zusammen. Da die eine Herzpatientin ist, geht Divyas Mutter arbeiten, um für beide Geld zu verdienen. Sie teilen das Essen und leben in einer ganz kleinen Hütte in Chingleput. Während die Mutter zur Arbeit (€ 7,50 pro Monat) ging, lebte das Kind zunächst mit Dewi bei deren Mutter Esther Saraswathi. Sie besuchte eine Schule in Chingleput. Da Saraswathi aber nicht gesund ist, konnte sie auch dort auf die Dauer nicht bleiben. Divya ist 1999 mit 6 Jahren in unser Heim und in die 2. Klasse der nahen Primary School aufgenommen worden. Shamila Dewi freut sich, dass sie zusammen mit ihrer Cousine hier sein kann. Divya ist sehr ruhig. (Sie sitzt oft völlig versonnen und in sich selbst versunken da, macht aber jetzt einen ausgeglichenen und zufriedenen Eindruck.). Bei den Auseinandersetzungen zwischen Vater und Mutter verhält sie sich wie ein überlegener Schiedsrichter. Der Vater kam eines Tages kurz in das Haus. Die Mutter kam von wo anders her dazu. Da sagte sie: „Ich bin glücklich im Heim. Warum könnt ihr nicht zusammenhalten und glücklich sein." So pflegt der Vater zu sagen: „Mein Kind ist so verständig und sagt uns das. Aber meine Frau will das nicht verstehen." Dasselbe sagt die Frau mit umgekehrten Vorzeichen über ihren Mann.
2000: 7 Jahre alt, 3. St. Primary School.
2001: 4. Standard. Sie war zunächst nicht sehr gut in der Schule, hat sich aber jetzt sehr verbessert. Es ist ein sehr stilles Kind, das aber froh ist, mit seiner Cousine im Kinderdorf sein zu können. Hindu.

Bhavani Manoharan gehört zu einer sehr armen Familie mit einem Monatseinkommen von € 10.-. Davon können sie das Mädchen weder ausbilden lassen noch gut ernähren. Der Vater Manoharan ist Lohnarbeiter. Er lebt inzwischen mit einer anderen Frau zusammen. Die Mutter ist Haushaltshilfe. Bhavani hatte im September 1999 Mumps, eine Infektionskrankheit. DEWI India musste das Kind, damit es nicht das ganze Heim ansteckte, zu ihrer Mutter in einem Dorf bei Madras senden. Leider stellte sich heraus, dass die Mutter herumzog. DEWI India konnte ihren Wohnort nicht mehr ausfindig machen. 3 Monate lang war sie nicht zu erreichen. Dewi India hat vergeblich versucht, sie aufzuspüren. Schließlich brachte die Mutter das Kind zurück. Die Mutter versprach Bhavani von nun an im Heim zu lassen und sie nur zu den wichtigsten Feiertagen einzuladen. 1999 war Bhavani im ersten Standard. Dafür war das Kind eigentlich zu alt. Aber bevor sie zu uns kam, war sie nie in der Schule gewesen. (Da mittlerweile unsere Schule anerkannt ist, können wir jetzt alle Kinder in die korrekten Klassen geben und durch Zusatzunterricht fördern.) Die Mutter fand es sehr schwierig, sie zu besuchen. 2000: Bhavani ist schwer erkrankt. Die Mutter war sehr erregt darüber (offensichtlich weil sie die Schuld dafür dem Heim in die Schuhe schob). Sie nahm das Kind und hat es bisher nicht zurückgebracht. Die Bemüh-

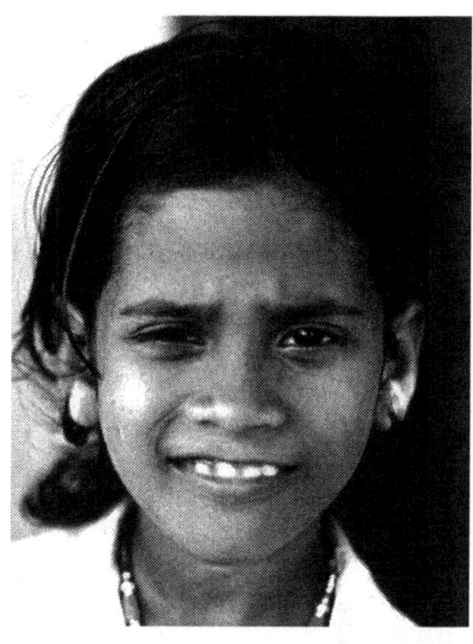

Bhavani

ungen von DEWI India, die herumziehende Mutter aufzufinden, waren bisher vergeblich. Unter den gegenwärtigen Bedingungen ist das Kind sehr gefährdet. Es gelingt hoffent- lich noch, Bhavani ins Kinderdorf zurückzuholen.

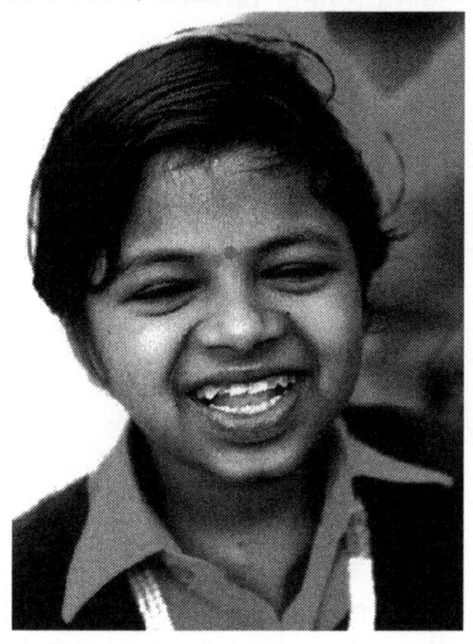

Booshenam Arumugami, geboren (angeblich) am 25.7.86, ist ein ganz liebes, hübsches und aktives Mädchen. Wenn man sie so fröhlich und ausge- glichen dasitzen sieht, will man gar nicht glauben, dass Boosanam behindert ist. Die Knochen der Beine sind von Geburt an verbogen. Sie kann nur mit gekreuzten Beinen sitzen. Trotzdem ist sie ein Kind mit einem offenem Wesen und sehr viel Charme. Zudem wirkt sie überdurchschnittlich intelligent. Heilung ist nicht möglich, allenfalls eine geringfügige Verbesserung durch Rehabilitationsmaßnahmen. Die Knochenver- formung ist auf Röntgenaufnahmen deutlich zu sehen. Über die Ursachen ist nichts bekannt. Das Problem ist, dass Boosanam größer und gewichtiger wird und es ihrer alleinstehenden Mutter Vasantha, einer Lohnarbeiterin, die € 40.- pro Monat verdient, immer schwerer fällt, sie zu tragen - auch wenn das Mädchen sehr kleinwüchsig ist.

1999 wurde das Kind ins Kinderdorf aufgenommen, damit es dort mit den anderen Kindern zusammen leben kann. Da keine entscheidende Verbesserung in der Beweglichkeit der Beine erzielt werden kann, ist es um so wichtiger, dem klugen und sehr einsichtigen Kind eine gute Ausbildung zu Teil werden zu lassen. (Boosanam hat meinem persönlichen Eindruck nach ein großes Durchsetzungsvermögen gegenüber den andern Kindern, aber auch den Erwachsenen. Sie wirkt ausgesprochen willensstark und auch etwas verschmitzt. Sie bewegt sich sehr energisch auf den Knien fort, wobei sie sich mit einer Hand abstützt. Das Kind zeigt eine bewunderungswürdige Lebenskraft und Lebensfreude.) Booshenam ist aus Kilavedu. Der Ort grenzt zwar an unser Heim, das Kind hat aber dennoch Heimweh. Deshalb geht sie jedes Wochenende zu ihrer Mutter. Sie hat aber einen Freund aus dem Dorf, Rashev. Er kommt jeden Abend vorbei und berichtet über alle Neuigkeiten. Ihr Freund im Heim ist Inveraj. Sie geht in unsere Vorschule. Die normale Schule kann sie nicht besuchen. Die Lehrer dort rufen sie "Krüppel" und missachten sie, anstatt sie zu fördern. Aber DEWI India lässt ihr privaten Ergänzungsunterricht durch die Vorschullehrer geben. Sie stellten ihr für 1999 ein Zeugnis über den 3. Standard aus. Wenn sie so erfolgreich weitermacht, soll sie dann, wenn sie das Programm der 5. Klasse absolviert hat, eine Prüfung in einer staatlichen Schule ablegen und darüber ein Zeugnis erhalten. Sie lernt sehr gut, schreibt und liest gut. Sie interessiert sich für Computer. Auch nach dem 8.Standard wollen wir ihr hier private Förderung zuteil werden lassen. Die üblichen Ausbildungsstätten sind ihr wegen ihrer Lähmung verschlossen.

2000: (möglicherweise) 14. Jahre alt, vermutlich jünger. 2001: Heimeigene Schule. Booshenam möchte noch mehr lernen. Sie kann schlecht mit den anderen Kinder spielen, hat aber gelernt, eifrig zu lesen und gut zu zeichnen. SC, Hindu.

Gowri, Vaideeswari und **Selvanayaki Saravanan.** Die Mutter Munniyamal bekam nacheinander vier Mädchen: Gowri, Vaideeswari, Selvanayati, die inzwischen ins Kinderdorf aufgenommen wurden, sowie ein (damals 99) 8 Monate altes Kind, das bei ihr lebt. Der Vater Saravanan (Kuli, € 12.- pro Monat) hat eine andere Frau genommen in der Hoffnung durch sie einen Jungen zu bekommen. Seine Kinder erhalten von ihm keine müde Rupie. Diese Mädchen wurden von ihrer Familie total vernachlässigt.

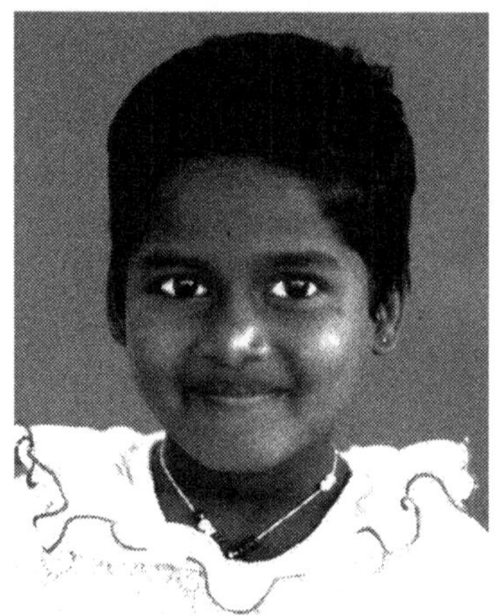

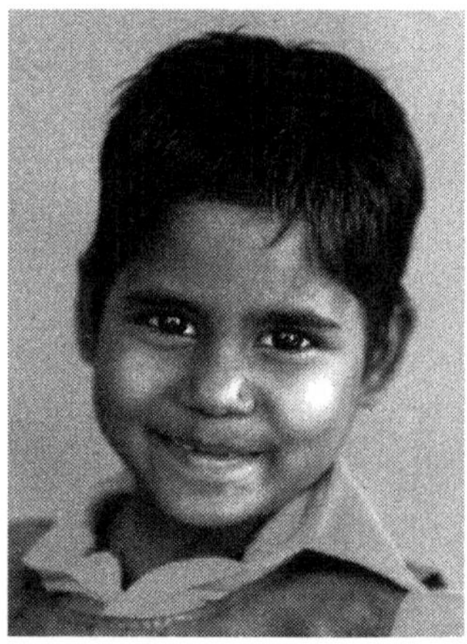

Gowri Vaideeswari Selvayanaki

Gowri Saravanan ist am 9.8.89 geboren. 2000: 11 Jahre alt, 4. Standard Nemmeli School. Früher musste sie als die Älteste immer auf ihre Schwestern aufpassen.

2001: Sie hat sich im Heim sehr gut entwickelt und liebt es, regelmäßig zur Schule zu gehen und lernt auch sehr gut. Jetzt im 5. Standard. Hindu.

Vaideeswari Saravanan ist am 2. 9. 92 geboren. 2000: Vaideeswari, 2. Standard, 2001: 3. Standard. Hindu.

Selvanayaki Saravanan ist am 11.1.94 geboren. Damals, als Selvayanaki in unser Kinderdorf kam, konnte sie überhaupt nicht laufen. Sie war total unterernährt. Wir dachten damals, sie sei ernsthaft behindert. Nachdem sie gute eiweißreiche Kost und Obst, aber auch Pflege erhalten hat, ist sie jetzt wieder gesund und sehr fröhlich. Sie kann sogar rennen und tanzen. Ihre gute Freundin ist unsere kleine Muthulakshmi.

2000: Selvayanaki: 6 Jahre, LKG Pre-school.

2001: UKG. Das Mädchen kann jetzt sehr gut laufen und sprechen. Selvayanaki ist ein sehr zufriedenes und glückliches Kind. Sie fühlt sich sehr wohl im Kinderdorf. UKG. Hindu.

Priszilla Jeeva Samuthram ist am 26.8.90 geboren. Der Vater, A. Jeeva Samuthram, erhält als Evangelist umgerechnet € 25.- pro Monat. Die Mutter Elliamed hat kein Einkommen. Das Geld in der vierköpfigen Familie reicht nicht, um den Kindern eine Ausbildung zu sichern. Da das Mädchen auch anfällig für Krankheiten ist und dringend medizinischer Betreuung bedarf, wurde sie ins Heim gegeben.

2000: 9. Jahre, 5 Standard. 2001: 6. Standard. Sie lernt sehr gut, wirkt sehr reif und ist hilfsbereit. Sie liebt es zu singen und zu tanzen. Christlich.

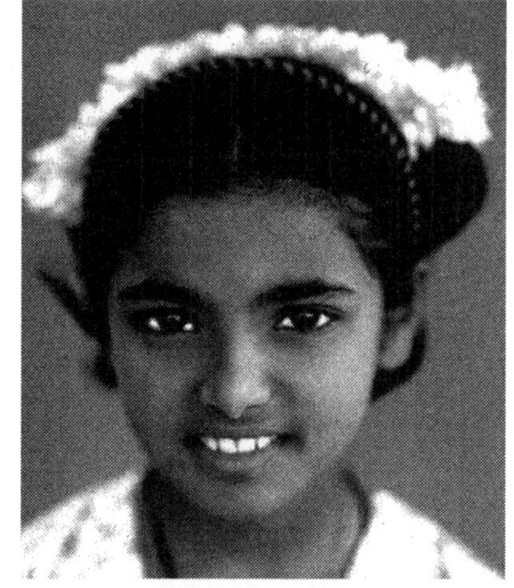
Priszilla >

Immanuel Paulraj ist geboren am 6.6.90. Paulraj, der Vater, arbeitet als Kuli für € 30.- im Monat auf den Feldern eines Landlords. Yesammal, die Mutter, ist kränklich und ohne Einkommen. Seine drei älteren Brüder gingen nie zur Schule. Dort auf dem Land, wo sie leben, gibt es keine Schulen. So wünschen die Eltern, dass wenigstens ihr Jüngster eine gute Ausbildung bekommt. Der Junge braucht dringend Fürsorge und Ausbildung. Er hilft gerne allen und überall. Gleichzeitig versucht er, als der Älteste im Heim die Jungen zu dominieren. Immanuel Macht gerne Gartenarbeit und liebt es, die Kühe in der Mini-

Molkerei zu betreuen. Er ist auch sehr gut in Sport, ganz besonders auch im Tanzen und Singen. Er lernte sehr schnell Bharatanatyam und andere Tänze, so dass er bei unseren Feiern in der Mitte tanzt.

2000: 10 Jahre alt, 5. Standard Appaji School, SC, christlich. 2001: 6. Standard. Secundary School Chingleput. Er führt die (informelle) Jungengruppe im Kinderdorf an und ist sehr hilfsbereit. Hilft in der Molkerei aus, wenn niemand da ist. Hat sich auch in seinen Studien sehr verbessert. Im Tanzen hat er ebenfalls große Fortschritte gemacht. Christlich.

Mahesvari, Iyothi und **Vishnu Saniyasi** sind ohne Zuwendung und Anleitung aufgewachsen. Saniyasi, der Vater, erwirtschaftet mit Lohnarbeit € 15.- monatlich. Parvathi, die Mutter, ist verstorben. Der Vater lebt in einem Dorf, 80 km entfernt von Chingleput und hat eine anderer Frau genommen. Die Dorfbevölkerung hat ihn dazu gedrängt, nochmals zu heiraten. Seine zweite Frau hat die beiden Mädchen total vernachlässigt. Wir erfuhren auch, dass er kürzlich nach Kerala gegangen ist.

< Immanuel

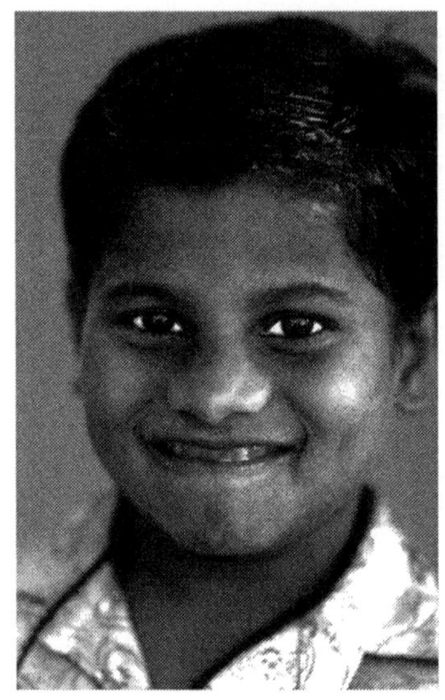

Iyothi

Diese Kinder können auch an den Feiertagen nicht in ihr Elternhaus gehen. Sie bleiben immer hier. Der Vater kommt lediglich einmal im Jahr vorbei, um sie zu besuchen. Er ist nicht richtig an den Kindern interessiert. Sie sind trotz allem wirklich gut in der Schule.

Mahesvari wurde, als sie das Schulalter erreichte, nicht zur Schule gelassen. So hatten wir sie 1999 in den 1.Standard zu geben. 2000: Sie ist ca. 7. Jahre alt, 2. Standard. 2001: 3. Standard. Das Kind ist sehr nett und hat sich gut entwickelt. Die Stiefmutter ist recht grausam zu den Kindern, so dass diese niemals zu den Festtagen nach Hause gehen. Der Vater lässt sich kaum blicken. Hindu. SC.

Iyothi war 1999 ca. 9 Jahre alt und sollte eigentlich im 4. Standard sein. Aber ihre Familie hat sie von der Schule ferngehalten. So gaben wir sie (1999) in den 1. Standard. 2000: ca. 10 Jahre alt, 2. Standard. 2001: 3 Standard. Das Mädchen ist gegenüber den anderen Kindern außerordenlich hilfsbereit und nett. Sie kommt mit allen sehr gut aus, kümmert sich aber ganz besonders engagiert um ihre kleineren Geschwister, um Mahesvari und Vishnu. (Iyothi fällt einem auf durch ihr außerordenlich lebhaftes und sehr charakteristisches Mienenspiel.) SC, Hindu.

Vishnu S. Bruder von Mahesvari und Iyothi. Wie seine Schwestern macht er sich gut an der Schule. 2001: 3. Stand. SC, Hindu.

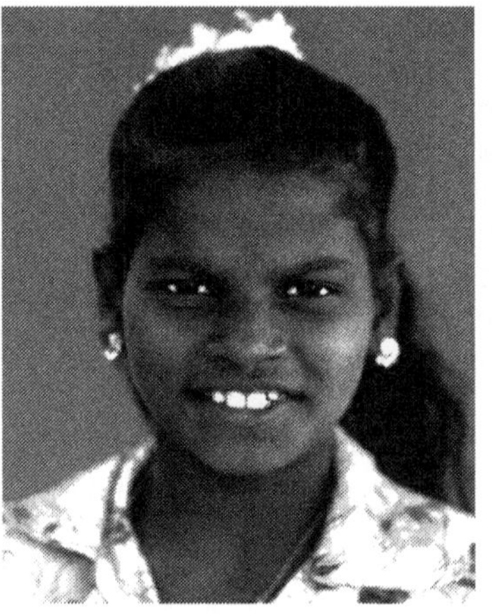

Mahesvari

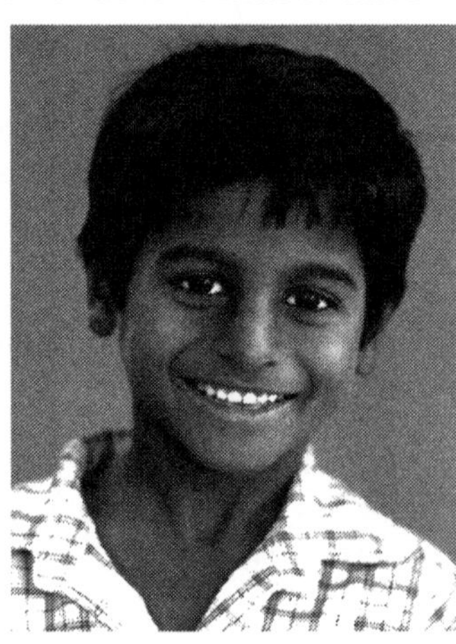

Vishnu

Allen Beschreibungen der Lebensumstände der Kinder liegen Interviews mit der Projekmanagerin Ruby James zu Grunde. Sie wurden auf Tonträger aufgezeichnet. Ergänzend sind, wo immer möglich, eigene Beobachtungen herangezogen worden.

In Indien sprechen sich die Menschen mit dem Vornamen an. Als Nachname dient der Vorname des Vaters. In dieser Funktion tritt der Name in der Regel nur als Abkürzung in Erscheinung. Sie wird dem Vornamen vorgesetzt:

Der Vater von Amelo Dewu heißt Dewaraj. Amelo wird daher in den Listen der Schulen als D. Amelo Dewu geführt. Wir führen hier der Übersichtlichkeit wegen die Namen nach unserem System auf - also: Amelo Dewu D.

Amelo Dewu und **Gomathi Dewu D.** gehören zu einer Familie mit drei Mädchen. Vater und Mutter haben keine gute Arbeitsstelle und leben unter sehr schlechten Umständen nahe Chingleput. Der Vater Devaraj ist Landarbeiter und kann keine Arbeit in der Stadt bekommen. Die Mutter Sampurnam arbeitet im Haushalt als Dienerin. Sie ist sehr hinfällig und kränklich. Sie kann nicht viel arbeiten und ist mit ihren drei Mädchen überfordert. Der Vater hat ebenfalls eine angegriffene Gesundheit und ist dazu als Trinker eher eine Last, denn eine Stütze. Die Leute in ihrem Dorf Anamanaputer bei Chingleput verspotten die Eltern sehr und lachen sie aus, weil alle drei Kinder „nur" Mädchen sind. Die Mutter ist sehr dankbar, dass DEWI Hamburg ihnen seit zwei Jahren ermöglicht, eine bessere Schule zu besuchen. Insbesondere Amelo ist jetzt in der Schule wirklich sehr gut. Ihre Mutter Sampurnam wollte, weil sie nicht so recht für die Kinder sorgen konnte, Gomathi schon 1998 in unser Kinderdorf geben und nur die kleine Buonal behalten. Damals waren die beiden aber noch zu abhängig von ihr. 1999 war Gomathi schon größer und reifer und auch in der Lage sich um ihre kleine Schwester zu kümmern. Beide Kinder fühlen sich ausgesprochen wohl in unserem Kinderdorf.

Gomathi Dewu, ca. 10 Jahre alt (2000), kann ab 2000 in der Stadt eine gute weiterführende Schule besuchen. Es galt, sie in Radfahren zu unterrichten und ihr ein Rad zur Verfügung zu stellen. Sie fährt jetzt zusammen mit anderen Kindern zur Schule.
2000: 6. Standard Allison Cassie Secundary School, 2001: 7. Standard. MBC, Hindu.

Gomathi

Amelo Dewu hatte zunächst Schwierigkeiten beim Lernen. Wir gaben ihr intensiven Nachhilfeunterricht. Sie ist etwa 7 Jahre alt (2000). Wir mussten sie aber 1999 in den ersten Standard zurückstellen. Die Kinder sind beide glücklich in unserem Heim. Ihre Eltern wissen es wirklich zu schätzen, dass die Pateneltern den Mädchen eine gute Ausbildung ermöglichen.
2000: 7 bis 8 Jahre alt, 2. Standard Allison Cassie Primary School. 2001: 3. Standard. Sie war zunächst sehr krank, hatte Magenprobleme. Nach der Behandlung durch einen Facharzt geht es ihr wieder gut und sie fühlt sich wohl. Sie darf allerdings nichts Scharfes essen. MBC, Hindu.

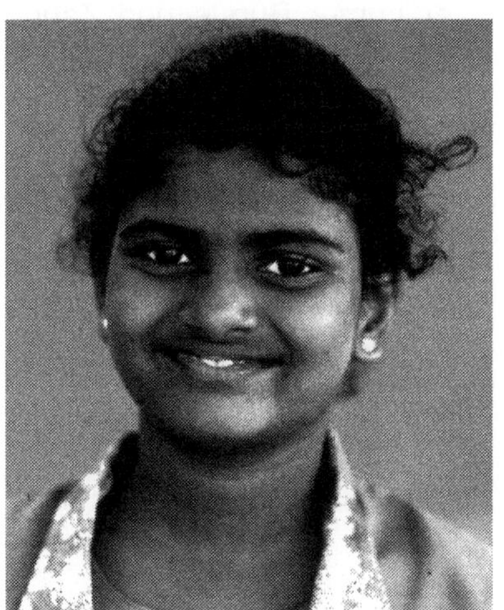

Amelo

Inveraj und **Unveraj P.** sind die Kinder unserer tüchtigen Köchin Puspa und des Gärtners Paulraj. Paulraj hat sich immer wieder betrunken und dann die Mutter böse zusammengeschlagen. Puspa wollte nicht mehr mit ihm zusammenleben. Er wurde in eine Hütte außerhalb des Heimes verlegt, drohte aber wegzugehen und die Kinder mitzunehmen. Er wollte dadurch Puspa zwingen, mit ihm zu gehen. Anfang März 2000 eskalierte der Streit. Als alle an der Beerdigung von Sudha teilnahmen, hat Paulraj die

Kinder entführt, und ist mit unbekanntem Ziel verschwunden. DEWI India hat alles daran gesetzt, sie zu finden, da die Gefahr bestand, dass Paulraj die beiden Jungen gegen Geld an einen Betrieb abgibt, der sie zur Kinderarbeit missbraucht. Die zwei wurden auch gefunden. Die Kinder wohnen jetzt wieder in der Hütte der Mutter auf dem Heimgelände. Paulraj lebt als Wächter und Gärtner in einer Hütte auf dem neu erworbenen Land, darf das Heimgelände aber nicht betreten. Ab 2001 hat sich die Familiensituation entspannt. Puspa lebt wieder mit ihrem Mann zusammen in der ihm zugewiesenen Hütte. Die Kinder sind im Kinderdorf. Inveraj und Unveraj sind die Ringmasters in unserem Heim. Sie gehen überall herum und sehen nach, ob alles in Ordnung ist. Sie haben ganz alleine für sich die Pflichten des Vaters Paulraj mit übernommen.

Inveraj ist am 16.3.94 geboren, ist sehr intelligent und aufgeweckt, seit 1998 im Kinderdorf. (Ein ganz liebenswerter Schelm.) Er spielt gerne mit unseren Heimkindern und ging bisher zusammen mit ihnen in die Vorschule. Er erhält die gleiche Verpflegung wie die Heimkinder. Des Nachts schläft er im Haus der Mutter oder gelegentlich auch mal bei seinen Freunden im Heim. Als Inveraj hierher kam, war er voller Geschwüre. Nachdem er gut ernährt wurde, ist er sehr kräftig geworden. Er ist lebhaft, legt sich auch mal mit anderen Kindern an. Er liebt das Zähneputzen nicht, so dass er immer Bürste und Zahnpaste vorzeigen muss. So kann kontrolliert werden, ob sie benutzt sind oder nicht. 2000: 6 Jahre alt. 2. Standard der Schule im Heim. 2001: 3. Standard. Inveraj lernt gut.

Inveraj

Seine Mutter ist Hindu, sein Vater ist Christ.

Unveraj (Anbu Raj) lebte erst bei Verwandten, und dann in einem konfessionellen Hostel, in dem er sich gar nicht wohl fühlte. Er kam Ende 99 in unser Kinderdorf.

2000: 7 bis 8 Jahre alt. 3. Stand. Primary School. 2001: 4. Standard. Unveraj hat Lernschwierigkeiten. In dem Hostel in Mahabalipuram, in dem er zuvor war, wurde er nicht angehalten, die Schule regelmäßig zu besuchen. Jetzt nimmt er stets am Unterricht teil und bekommt Nachhilfeunterricht, so dass er allmählich besser mitkommt. Er ist sehr glücklich, das er jetzt in einem Heim ist, in dem auch seine Eltern arbeiten. Die Mutter ist Hindu, der Vater Christ.

Puspa kocht speziell für die Kinder, die im Heim leben. Die Vorschul-Kinder werden von einer anderen Köchin und aus einer anderen Küche versorgt.

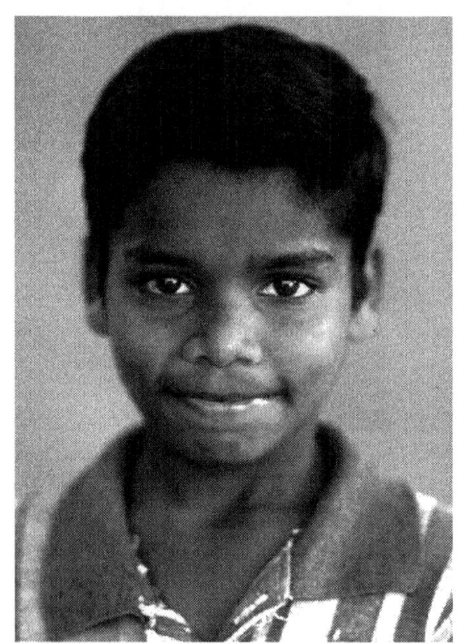

Unveraj >

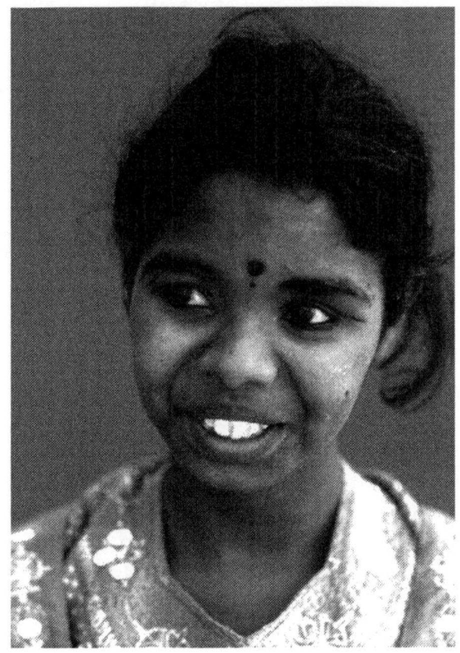

Puspa bereitet für die Kinder im Heim zum Frühstück Idli vor. Idli sind tamilische Klöße aus dem Mehl von Reis und von Hülsenfrüchten.

Rajeswari G., Mädchen, Alter unbekannt, möglicherweise ca. 14 Jahre. Das Kind ist taubstumm und konnte bisher keine Schule besuchen. Die Mutter Vijia arbeitet in einem Slum in Madras (Chennai). Der Vater Ganeshan ist Wächter in einer privaten Company. Er kommt niemals nach Hause, ist Alkoholiker und macht eine Menge Schwierigkeiten. Das Kind ist zwar schwer behindert, aber willig z.B. in der Küche zu helfen oder aber kleinere Kinder zu betreuen. Obwohl sie nicht hört, liebt sie es mit den anderen zusammen mitzutanzen.

(Ich selbst bin außerordentlich beeindruckt von dem Kind. Es versucht sein Unvermögen, sich sprachlich mitzuteilen, durch eine sehr intensive von ihm selbst gestalteten Gestensprache auszugleichen. Das Mädchen versteht es, seine gesamte Energie im Gesichtsausdruck und in den Gebärden aufscheinen zu lassen.) Rajeswari ist empfindsam und ausdrucksstark, lebt seit November 2000 im Kinderdorf. Hindu. **Rajeswari >**

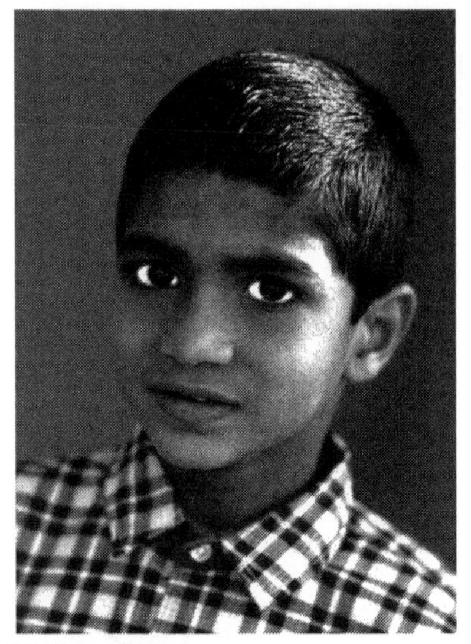

Madana Gopal

Madana Gopal R., Junge, 7 Jahre alt (2001). Die Mutter heiratete eine Mann, der sie dann verlassen hat und mit einer anderen Frau nach Madras ging. Das Kind blieb bei der Mutter. Sie arbeitete dann in einem Haushalt. Dabei kam es zu einer Beziehung mit dem Hausherrn. Die Frau des Hauses verklagte Gopals Mutter. Diese wurde zur Polizei zitiert und konnte sich wegen ihrer eigenen Schwierigkeiten fortan nicht mehr um den Jungen kümmern. Madana Gopal war allein und wurde von seiner Tante ins Kinderdorf gebracht. 2000: 2. Standard. 2001: 3. Standard. Hindu

Ramya M., Mädchen, 7 Jahre alt (2000). Die Mutter Sundaram ist verstorben. Der Vater Murthi ist nicht in der Lage, für das Kind zu sorgen. Er heiratete eine andere Frau. Der Großvater brachte das Kind ins Kinderdorf. 2000: 3. Standard. 2001: 4. Standard, Hindu.

Manju Priya M., Mädchen, 5 Jahre alt (2000). Der Vater Muthu ist behindert und kann nicht arbeiten. Die Mutter Musha arbeitete als Kuli in Haushalt und Landwirtschaft. Das Kind hat Probleme mit einem Bein und konnte nicht zur Schule gehen. Seit wir im Heim die eigene Schule habe, folgt es dem Unterricht. 2000: 1. Standard. 2001: 2. Standard. Hindu.

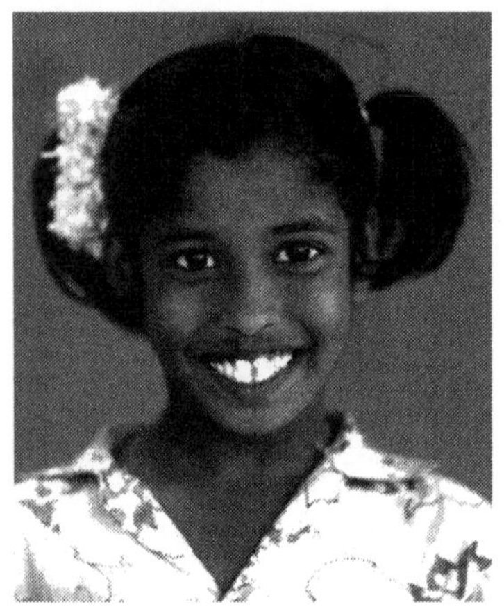

Ramya M.

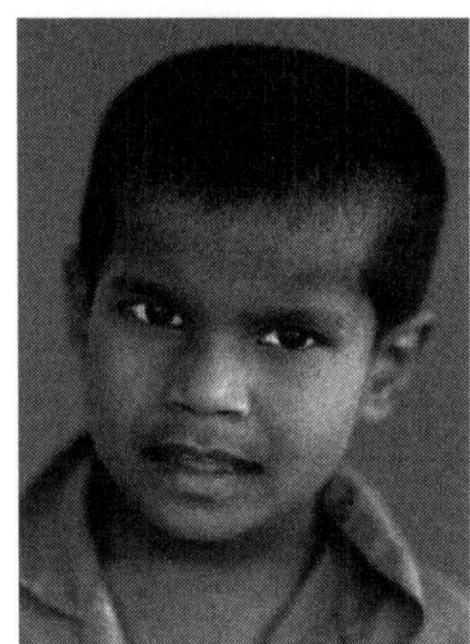

Manju Priya M.

Gayathri N.

Gayathri N., Mädchen, 7 Jahre alt (2000). Vater ist Nagapen, die Mutter Kaniyammal. Die Mutter verließ die Familie, der Vater nahm eine andere Frau. Das Kind lebte beim Großvater in der Nähe einer Irular Siedlung (Adivasi Volk). Die Irular überzeugten den Großvater, dass das Kind im Kinderdorf besser aufgehoben sei und brachten es daher zu uns. 2001: 5. Standard. Hindu.

Dhasarathan (Dasaradan) und Saravanan S., Brüder. Die Mutter Mohanna ist kränklich und leidend, kann sich nicht um die Kinder kümmern. Sie lebt überdies im Streit mit dem Vater. Er bedrängt sie, weil er mehr Mitgift haben will. Sie sah sich gezwungen

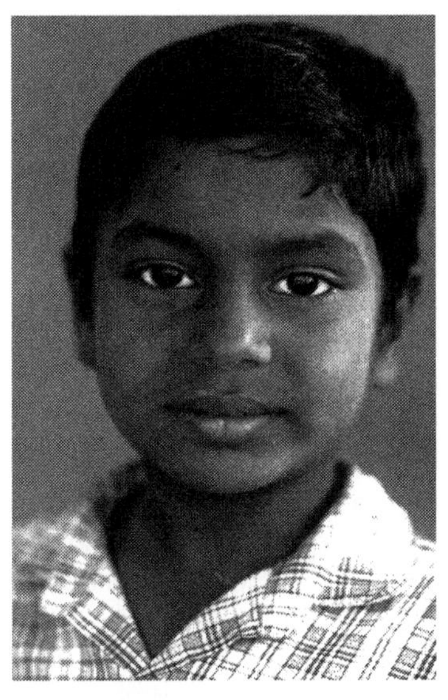

Dhasarathan

Saravanan

dessen Haus zu verlassen und bei einer Tante Unterschlupf zu finden. Die Schwester des Vaters versuchte, sich um die beiden Kinder, besonders um den kleinen Saravanan, zu kümmern. Aber sie war finaziell und auch aus gesundheitlichen Gründen dazu nicht in der Lage. Daher brachte sie Saravanan und Dhasarathan ins Kinderdorf. Der Vater Sundara Rhaman arbeitet als Kuli für monatlich Rs. 500.- (ca. € 12,50). Seine Kinder interessieren ihn nicht besonders.

Dhasarathan, Junge, am 23.11.94 geboren.2000: 1. Standard. 2001: 2. Standard der neuen Schule im Kinderheim. Hindu. **Saravanan,** Junge, 3 Jahre alt (2000).

2001: Saravanan hat, sich wie auch sein Bruder, sehr gut eingelebt. Die Mutter lässt sich kaum jemals sehen. UKG (upper kindergarden = Oberstufe der Vorschule im Kinderheim). Hindu. (Ein Bruder der Beiden ist Saptagiri > Seite 45)

Gunasundari

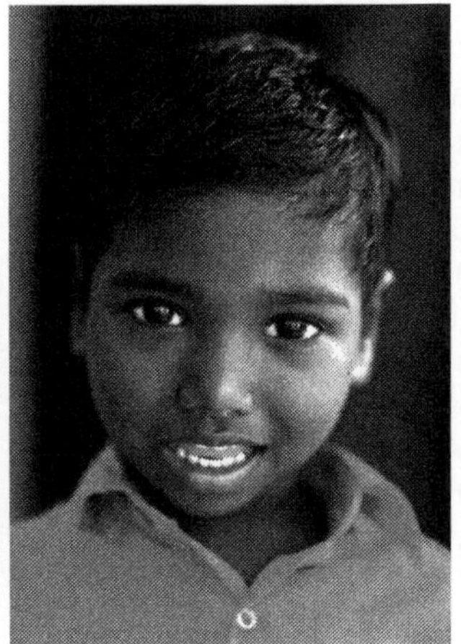

Gunasekar

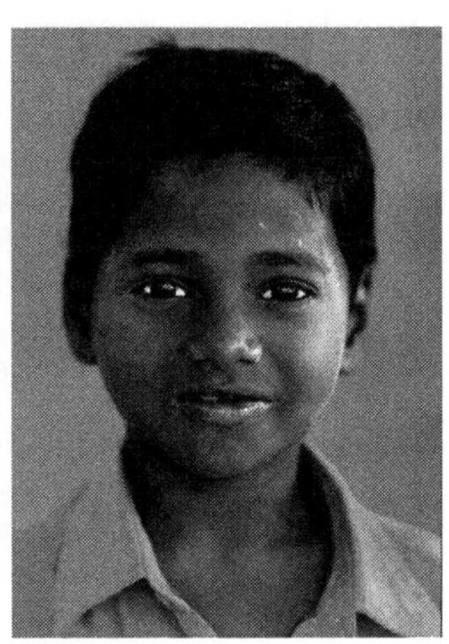

Mari K.

Gunasundari, Gunasekar und Mari Krishnan. Der Vater Krishnan ist Tagelöhner. er ist durch Aussatz gesundheitlich beeinträchtigt. Die Mutter Karnagi arbeitet zu Hause. Sie verdient monatlich Rs. 200.- (ca. € 5.-) und ist nicht in der Lage für die Kinder zu sorgen. Beide leben in der Leprakolonie Arunachala Nagar.

Gunasundari, Mädchen, geboren am 23.5.1989. 2000: 4. Standard Nemmeli.
2001: 5. Standard. Hindu.
Gunasekar, Junge, am 28.8.96 geboren. 2000: 4 Jahre, Vorschule im Heim.
2001: Der Junge ist sehr ruhig und besonnen. Er ist gut im Unterricht. UKG. Hindu.
Mari K. 2001: 3. Standard. Hindu.

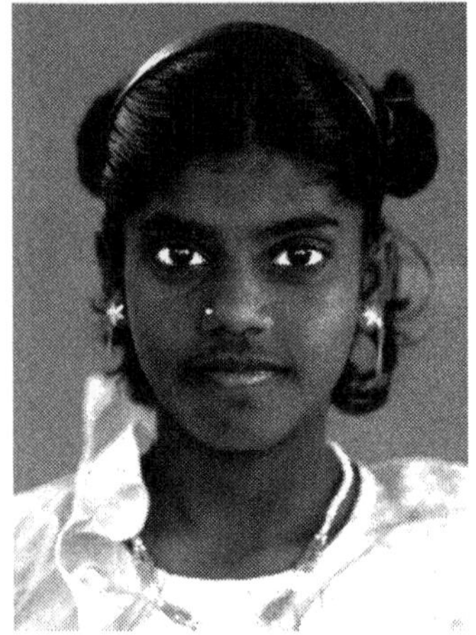

Rakshia Begum

Faritha

Rakshia Begum und
Faritha Abdul Salaam.
Der Vater, ein Kuli, nahm eine andere Frau und verließ seine Familie, die sehr arm und in einer verzweifelten Situation war. Die Mutter Kadhyja arbeitet als Hausmädchen und verdient monatlich Rs. 200.- (ca. € 5.-). Sie hat keinerlei Unterstützung, muss dazu noch für den alten Vater sorgen, bei dem sie lebt.
Die Mutter erkrankt ständig und musste unlängst (2001) ins Krankenhaus. Sie ist eine sehr orthodoxe Muslimin, die das Haus kaum verlässt. Der Großvater, ein eher offener Charakter, sagte sich, dass die Mädchen so nicht leben können und brachte sie ins Kinderdorf, damit sie eine gute Ausbildung erhalten.
Rakshia Begum, Mädchen, geb.10.6.89 2000: 5. Standard. 2001: 6. Standard Muslim.
Faritha, Mädchen, geboren am 23.8.93. 2000: 4. Standard. 2001: 5. Standard. Lebt ständig im Kinderdorf. Muslim.

Mubeena Sharpudur, Mädchen, am 7.7.89 geboren. Der Vater ist verstorben als das Kind zwei Jahre alt war. Die Mutter Jeyboon hilft in einem Hotel für Rs.- 300.- (€ 7,50) monatlich aus. Der Bruder der Mutter kann Mubeena und ihren jüngeren Bruder nur wenig unterstützen. Mutter und Kinder lebten für sich in einer winzigen Hütte. Mubeena, die für ihr Alter sehr klein und unterentwickelt wirkt, benötigt Fürsorge und Schutz im Kinderdorf. (Mubeena ist ein hübsches, sehr aufgewecktes und lebhaftes Kind. Sie ist eines der wenigen, die von sich aus versuchten Englisch zu sprechen - und dies mit gutem Erfolg. Das Mädchen ist außerordentlich kommunikativ.)
2000: 8. Standard.
2001: 9.Standard. Muslim..

Mubeena (Moobeena) ›

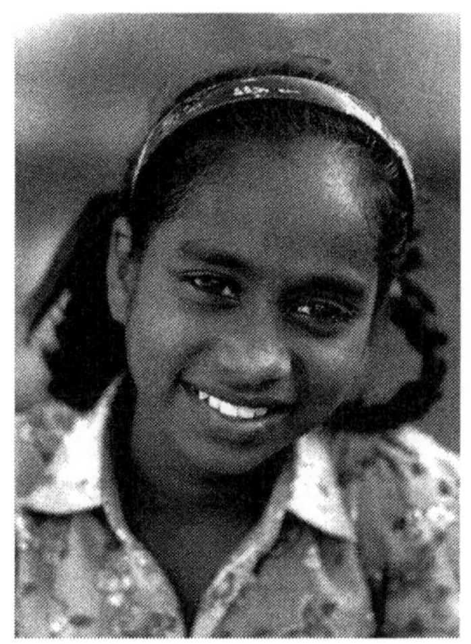

Manjula D.

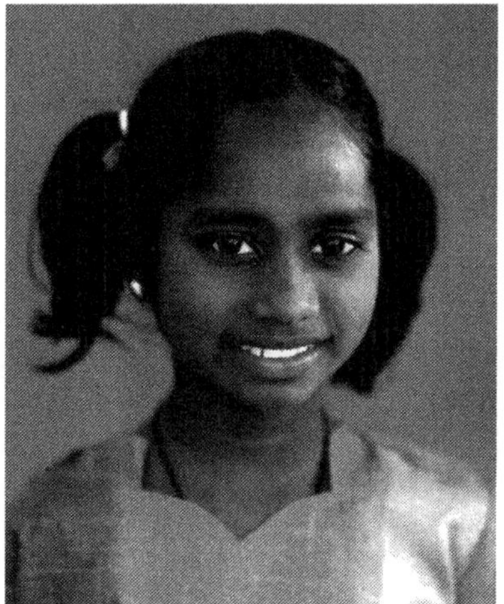

Velankanni D.

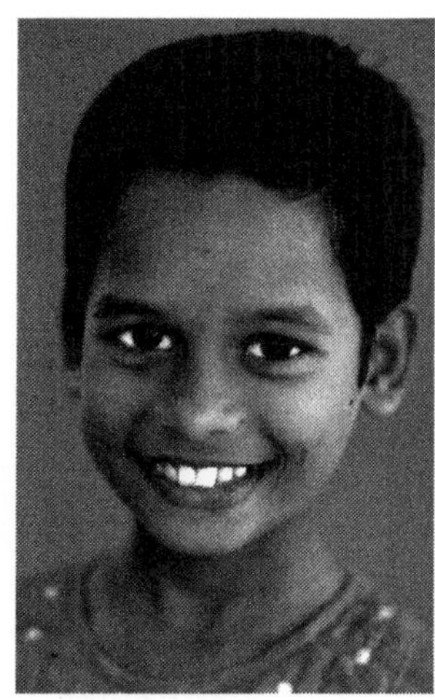

Sangheeta I (2)

Manjula und **Velankanni Daniel.** Mädchen. Die Mutter Lythia hatte große Probleme mit dem Vater Daniel. So brachte sie ihre beiden Mädchen in unser Kinderdorf. Mutter und Töchter sind glücklich, dass sie da gut aufgehoben sind.

Manjula 2001: 5. Standard. Christlich.

Velankanni 2001: 4. Standard. Christlich.

Sangheeta Ilavantan (2). Mädchen, am 25.5.91 geboren. Der Vater A. Ilavantan, ein Kuli, verließ die Familie. Die Mutter Kirupha, Hausgehilfin, ist nicht in der Lage, für das Kind zu sorgen und es ausbilden zu lassen. 2000: 9 Jahre alt. 3 Standard. 2001: 4. Standard. Das Kind war sehr kränklich. Als sie ins Kinderdorf kam hatte sie sogar viele Probleme mit dem Herzen. Sie wurde daraufhin behandelt, auch im Krankenhaus gründlich untersucht. Inzwischen hat sich ihr Zustand entscheidend verbessert. Hindu.

Jebamani und **Jebaraj Francis Murti.**

Der Vater Daniel Murti war Leprapatient. Er galt dann als geheilt, ist aber unlängst verstorben. (Lepra ist heute heilbar. Verstümmelungen lassen sich jedoch nicht rückgängig machen.) Selvi, die Mutter, arbeitet als Tagelöhnerin. Ihr Lohn beträgt knapp Rs. 300.- (ca. € 7,50) im Monat. Selvi kann nicht für die Ausbildung der Kinder sorgen. Sie wohnt in eiem Lepra-Zentrum.

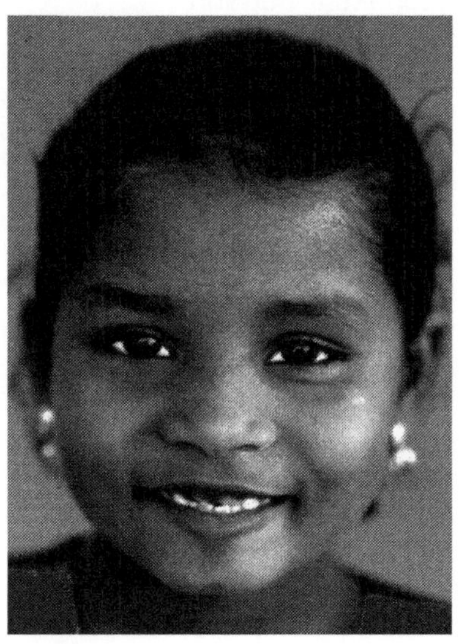

Jebamani

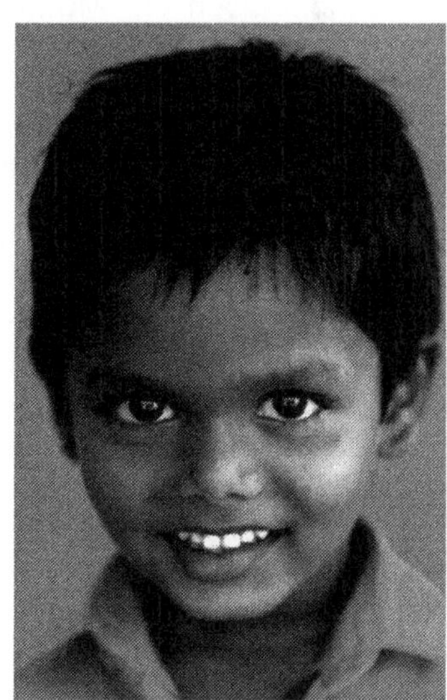

Jeberaj

Die Mutter ist jetzt sehr glücklich, dass die Kinder in eine normale Schule gehen können und eine gute Ausbildung und Betreuung erhalten. **Jebamani**, Mädchen, ist am 18.10.92 geboren. 2000: 3. Standard. 2001: 4.Standard. Nettes Kind, das gut lernt. Christlich. **Jebaraj Francis**, Junge, geb. 29.9.96. 2000: UKG.
2001.: 1.Standard. Heimeigene Schule. Der Junge ist ausgesprochen nett und aufgeweckt. Er liebt es mit allen Kindern zu spielen. Christlich.

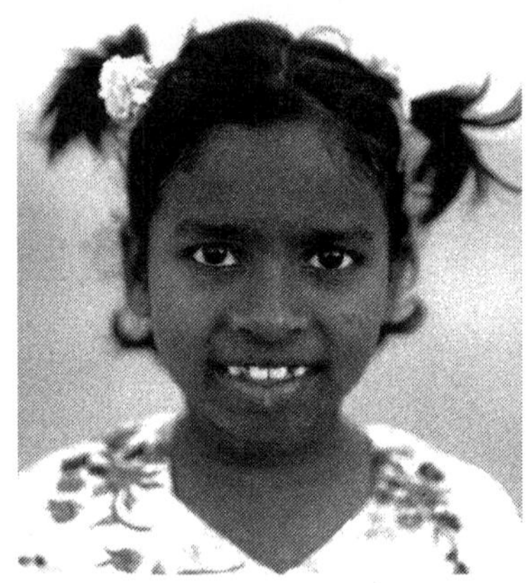

Marja D.

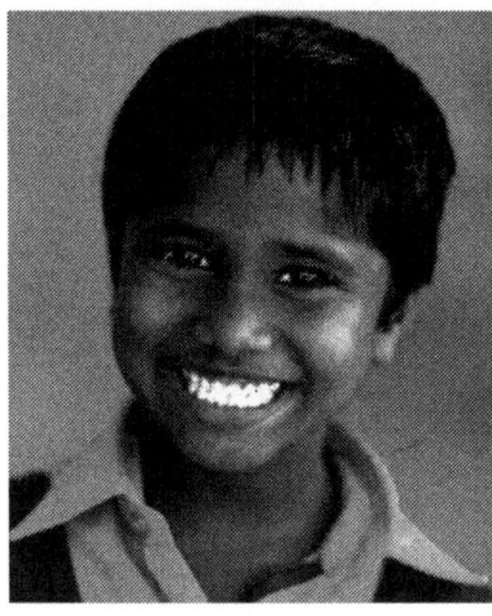

Manju D.

Marja und **Manju** Daniel Daniel, der Vater, hat die Familie verlassen. Die Mutter Vijaya arbeitet als Dienerin für monatlich Rs. 500.- (ca. € 12.50) und kann für ihre Kinder nicht sorgen. Alle sind unterernährt, benötigen ausgewogene Ernährung und ärztliche Betreuung. **Marja (Marya)** ist laut Angaben am 2.3.91 (wahrscheinlich jedoch 1992) geboren.

2000: 4 Standard. 2001 5. Standard. Christlich.
Manju, die jüngste Schwester, ist am 26.1.96 geboren.
2000: 4 Jahre alt, LKJ - Heimeigene Vorschule. 2001: UKG. Christlich.

Anitha Ramasamy, geboren am 7.5.96. Der Vater Ramasamy ist alt (2001: 58) und krank. Er bettelte auf der Straße. Dabei traf er eine 20-jährige Bettlerin. Sie heirateten und bekamen das Kind. Doch die Mutter Meenakshi begann plötzlich unter mentalen Problemen zu leiden. Sie war nicht in der Lage für das Kind zu sorgen. Kurzfristig war das Mädchen bei einem Lehrer in Pflege, der sich aber auf seine eigene Familie konzentrieren wollte. Leute, die das Kind auf der Straße fanden, brachten es zu uns in unser Kinderdorf.
2000: LKG der heimeigenen Vorschule.
2001: UKG. Niemand besucht das Kind und sie kommt nie aus dem Heim heraus. Aber sie fühlt sich außerordentlich wohl im Kinderdorf und hat es als ihr Zuhause angenommen. Hindu.
Rathi und Lakshmi N. (Keine Fotos).
Nach ihrer Aufnahme ins Heim wurde der Vater wegen einiger Probleme in ihrem Dorf von Nach-

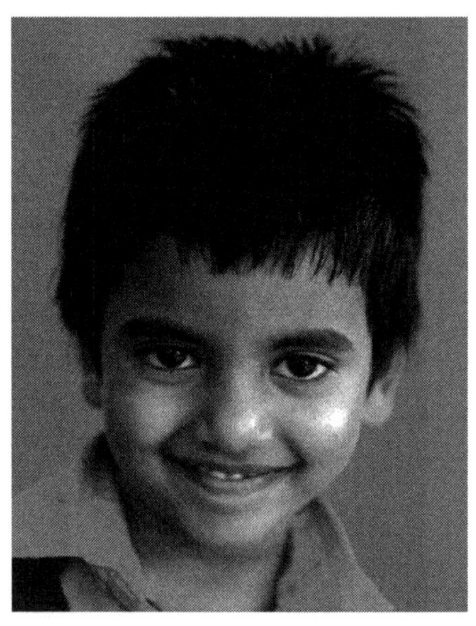

Anita

barn ermordet. Die Mutter Maler holte ihren Bruder, der ihr zunächst half, dann aber ebenfalls ermordet wurde. Der Fall ist bei Gericht anhängig und die Kinder müssen, bis das Verfahren abgeschlossen ist, bei ihrer Mutter bleiben. Sie sollten im Laufe des

Jahres 2001 ins Kinderdorf kommen - sind aber dann nicht erschienen. Ihr derzeitiger Aufentshaltort war bisher nicht zu ermitteln. Sollte sich - hoffentlich - an der Situation etwas ändern, werden die Kinder wieder aufgenommen werden.

Rathi. 2001: ca. 11. Jahre alt, 5. Standard. **Lakshmi** 2001: 4. Standard.

Mariappan Krishnan. (Kein Foto).   Vater Krishnan ist Leprapatient. Karnegin, die Mutter arbeitet als Dienstmagd (Kuli). Seit 2000 im Kinderdorf.

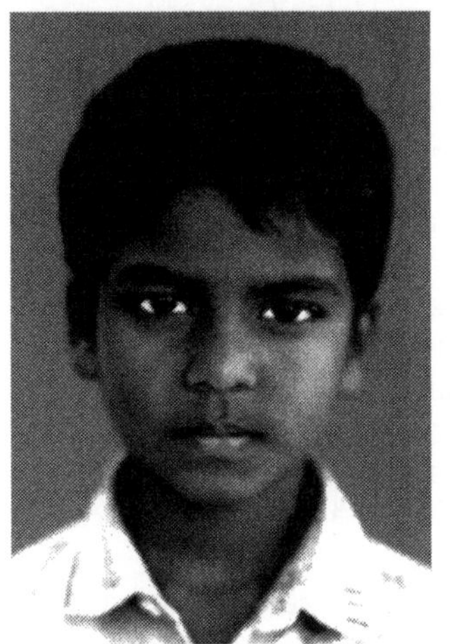

Fathima Muhamed S., Mädchen, am 12.1.88 geboren. Der Vater Muhamed Sithik, ein Kuli, hat die Familie verlassen und eine andere Frau genommen. Moslems dürfen vier Frauen haben. Er lebt jetzt zusammen mit der zweiten Frau und kümmert sich weder um seine erste Frau, noch um seine Kinder. (Die Vorschirft des Korans, dass ein Gläubiger alle seine Frauen gleich behandeln muss, ist den Männern hier unbekannt.) Die Mutter Mahabub stellt Beedis (indische Zigaretten) her und verdient dabei im Monat Rs. 300.- (€ 7.50). Sie kann für das Kind nicht angemessen sorgen. Wäre Fathima nicht in unser **DEWI SARASWATI** Kinderdorf aufgenommen worden, hätte sie die Schule abbrechen und der Mutter beim Rollen von Beedies helfen müssen. 2000: 6. Standard, High School Chingleput. 2001: 7. Standard. Moslem.

Fathima >

Saptagiri S., Junge. Der Vater Sundara Rahman ist fliegender Händler mit Fahrrad. Er verkauft Kleidung. Die Mutter Mohana hatte Probleme mit ihrer Schwiegermutter. Sie musste deshalb das Haus verlassen und ging zu ihren Eltern zurück. Der Vater wusste nichts mit dem Jungen anzufangen und brachte ihn ins Kinderdorf. 2001: 5. Standard. Hindu

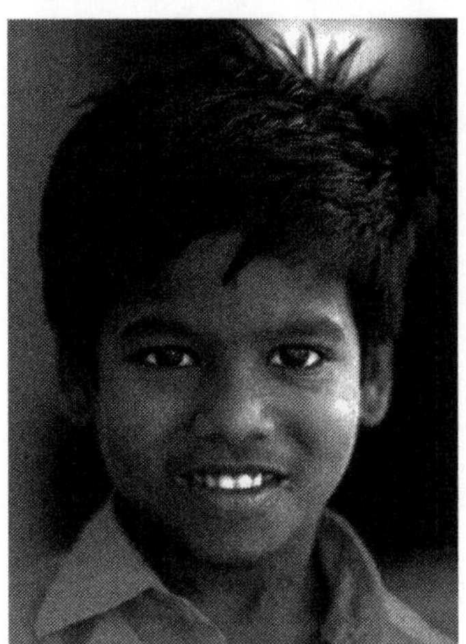

Saptagiri S.   **Raajesh J.**   **Vinoth Kumar J.**

Rajesh und **Vinoth Kumar Jeyavelu.** Jejavelu ist der Name ihres Vaters.

Rajesh: 2001: Etwa 8 Jahre alt. 3. Standard Heimeigene Schule.

Vinoth Kumar 2001. UKG - Heimeigene Vorschule. Etwa 5 Jahre alt. Hindu.

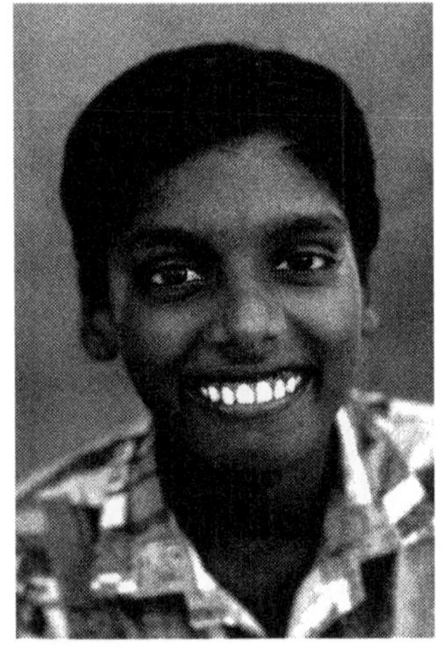

Murugan J.

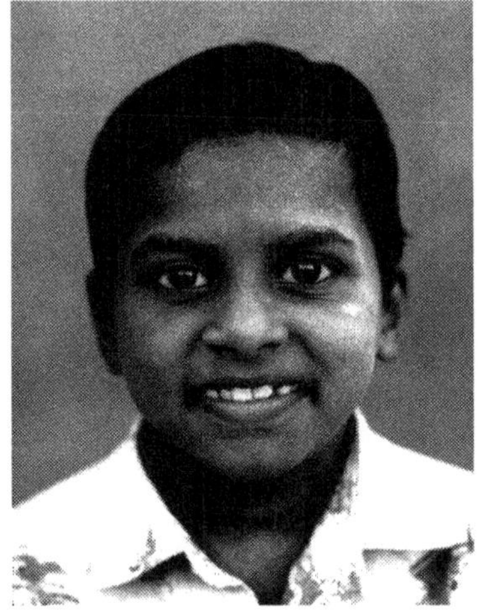

Manikandan J.

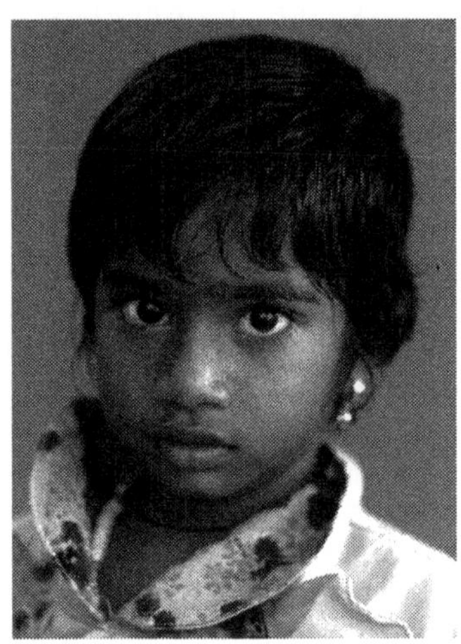

Manjula G.

Murugan und **Manikandan J.,** Vater Jeevarathnam und Mutter Gowri sind verstorben. Die Großeltern konnten auf Grund ihrere Armut den Kindern keine Ausbildung zukommen lassen. Sie sind jetzt sehr glücklich, dass beide Jungen im Heim gut aufgehoben sind.
Murugan, Junge, geboren am 7.5.88. 2001: 5. Standard. Vanniyar (MBC), Hindu.
Manikandan J., Junge, geboren am 15.4.91. 2001: 5. Standard.. Vanniyar (MBC), Hindu.
Manjula (Mangula) Danikaraman, Mädchen, sehr aufgewecktes Kind.
Danikaraman, der Vater, hatte einen Unfall, verlor ein Bein und kann nicht mehr arbeiten. Selvi, die Mutter, ist Dienerin in einem Haushalt
2000: 4.Standard. 2001: 5. Standard. Hindu

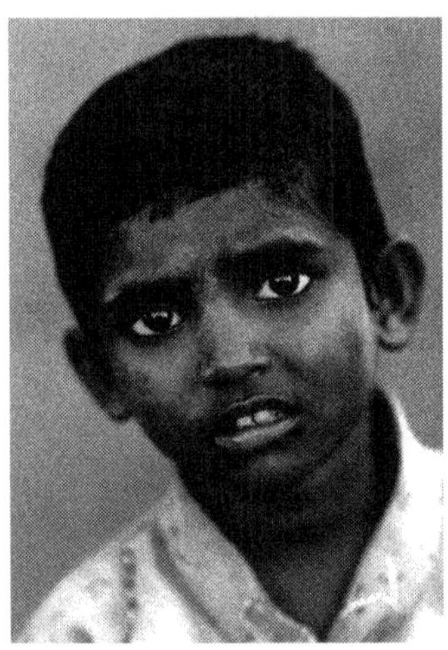

Priya S.

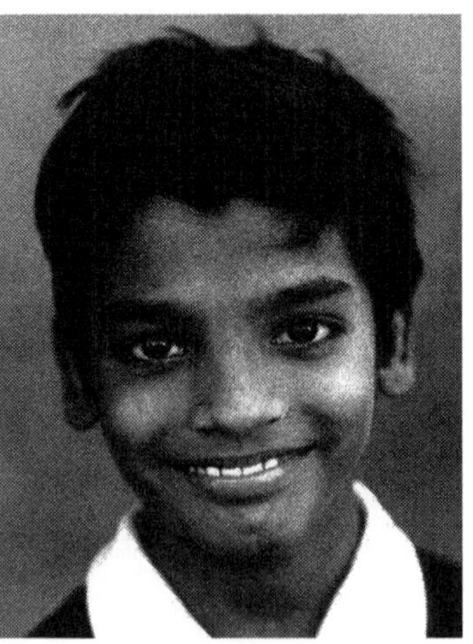

Vasudevan R.

Priya S., Junge, 9.6.97. Sein Vater Shanmugam arbeitet als Kuli im Haus (monatlich € 5 1/2). Er lässt seinen Frust an der Mutter Punitha aus und misshandelt sie. Priya ist sehr schwach, Er fühlte sich unglücklich in der Familie. Daher hat auch die Mutter darum gebeten, das Kind ins Heim aufzunehmen. Die Eltern sind des Lesens und Schreibens nicht mächtig.
2001: LKG. Hindu.
Vasudevan R., Junge, geboren 28.9.91. Der Vater Ramasamy, ein Tagelöhner, und die Mutter Ramalakshmi haben sich getrennt. Für den Jungen wurde seitdem die Situation mehr und mehr unerträglich. So brachte ihn der Vater ins Heim, damit man sich dort um ihn kümmere und er die nötige Fürsorge erfahre.
2001: 5. Standard. Der intellligente Junge geht in eine englischsprachige Schule. Hindu.

Josephin Kaviya und **Karunagaran Irudayaraj.** Der Vater Irudayaraj ist Lepra-patient und ein Trinker. Er kümmert sich nicht um die Familie. Daisy Rani, die Mut-ter, kann nicht arbeiten, weil sie noch ein kleines Kind hat. Beide Kinder sind sehr schwächlich und unterernährt. Sie bekommen im Heim eine spezielle medizinische Versor-gung und - was besonders wichtig ist - viel Zuwendung.

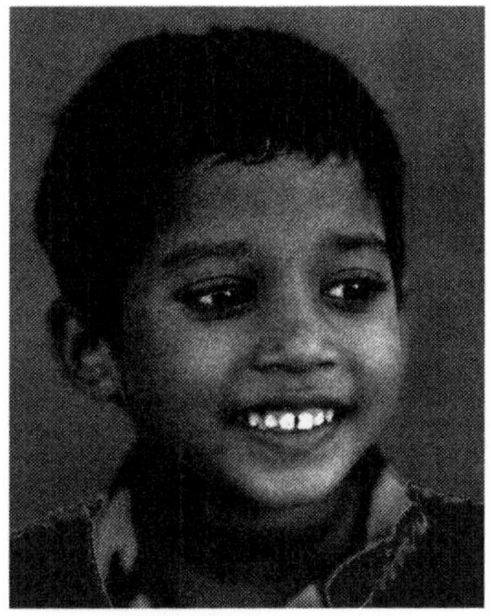

Josephin Kaviya

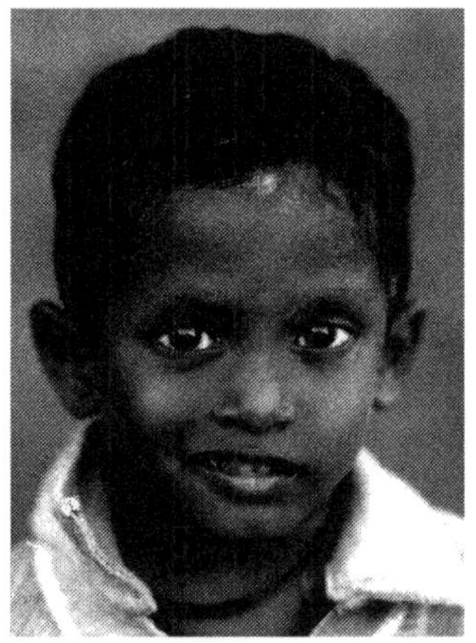

Karunagaran

Josephin Kaviya I., Mäd-chen, 1.2.96. 2001: LKG. Christlich. **Karunagaran**, Junge 18.8.97. 2001: LKG. Christlich.

Ananda Raj und **Rose Mary Dhanapaul** stammen aus der bedürftigen Leprakolonie Arunachal Nagar. Der Vater Dhanapaul ist leprakrank, die Mutter Matar arbeitet als Tagelöhnerin. Sie hat kein regelmäßiges Auskommen.

Ananda Raj, Junge, geboren am 25-10-96. Das Kind benötigt viel Liebe und Fürsorge. 2001: LKG. Adidravidar, Christlich.

Rose Mary, Mädchen. Rose-Mary ist schon seit 2000 im Heim.

2000: Etwa vier Jahre alt, heimeigene Vorschule. 2001: 1. Standard. Im letzten Jahr war sie sehr krank gewesen, wurde aber von Fachärzten geheilt. Adidravidar, Christlich.

Alice Daniel, Mädchen, 29-9-97. Das Kind stammt aus einer Famile mit Lepraerkrank-ungen. Der Vater Daniel ist verkrüppelt. Die Mutter Delphina arbeitet als Dienerin. Ihr Monateinkommen liegt bei € 7,5. Die Eltern sind des Lesens und Schreibens unkundig. 2001: LKG. Alice benötigt viel Fürsorge, Liebe und eine gute Ausbildung. Christlich.

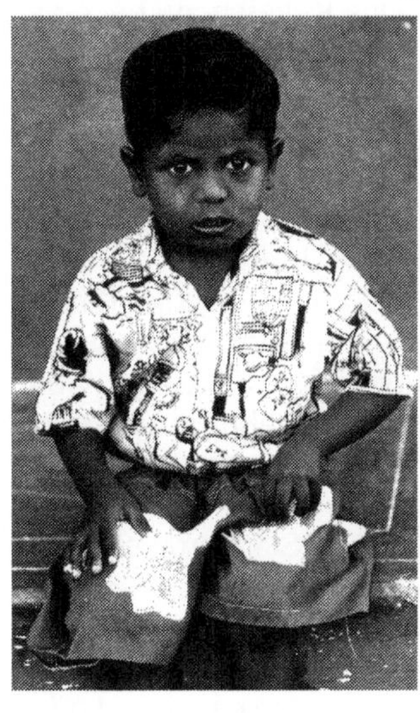

Ananda R.

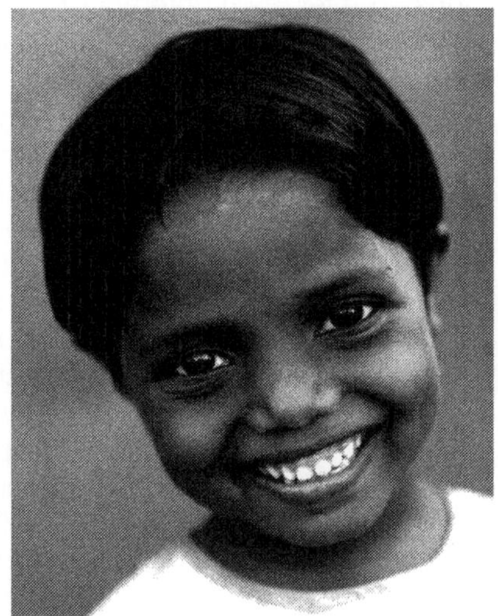

Rose Marie G.

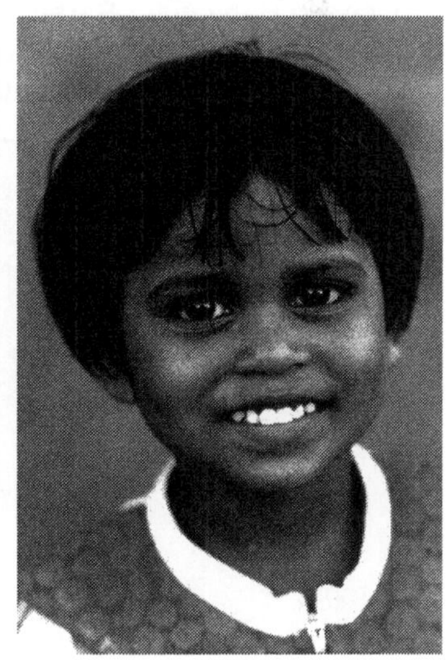

Alice D.

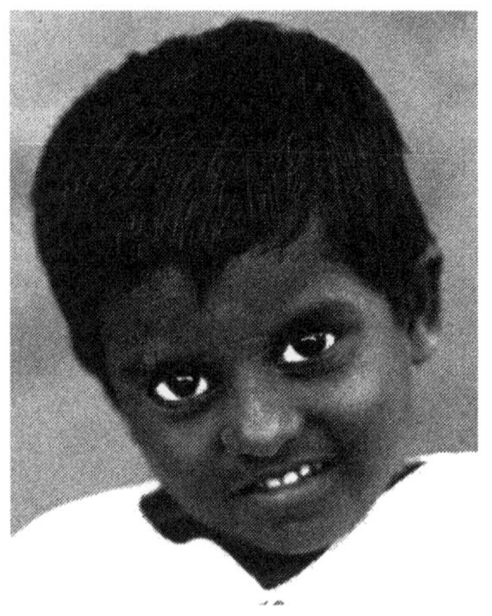

Vasantha E.

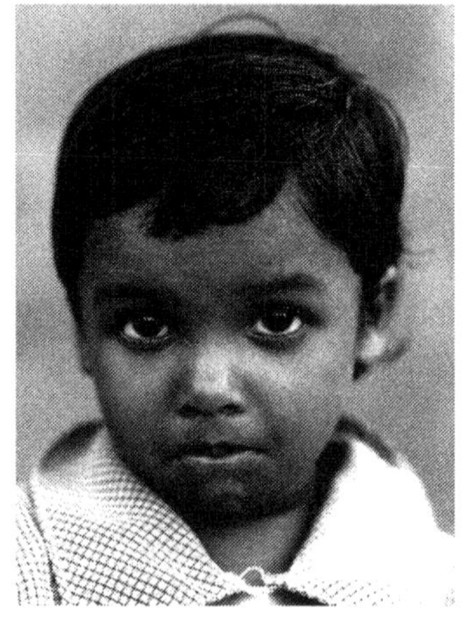

Shabeetha B.

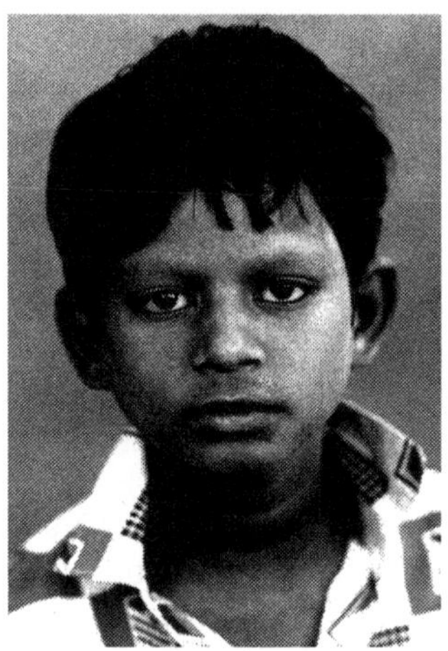

Sarath Kumar

Vasantha Elangovan, Mädchen, 25.11.96. Der Vater Elangovan ist ein Trinker. Er ging weg und ließ die Familie in Armut zurück. Die Mutter Gowri arbeitete als Hausmädchen und hat eine sehr geringes Einkommen (monatl. € 6.-). Das Kind war schwächlich und ohne Fürsorge. Die Mutter, die nicht Lesen und Schreiben kann, war glücklich, dass das Kind ins Heim aufgenommen werden konnte. 2001: LKG. Christlich.

Shabeetha Baskar, Mädchen, 3 Jahre alt (Mitte 2001). Der Vater Baskar arbeitet als Kuli im Haus (monatl. € 25.-). Die Mutter Sasikala ist ohne Arbeit. Die Familie lebt in einem Dorf, von dem aus keine Schule zu erreichen ist. Shabeetha benötigt Fürsorge und eine gute Ausbildung im Kinderdorf. 2001: LKG. Adidravidar, Hindu.

Sarath Kumar Kotjamdabhani., Junge, geboren am 17.8.92. Der Vater Kothandabani arbeitet als Kuli im Haus (monatl. € 25.-) Die Mutter Lakshmi verstarb, als der Junge noch ein Baby war. Sarath ist für sein Alter noch unterentwickelt. Das Kind wuchs bei einer Tante auf, die sehr arm ist. So brachte sie das Kind ins Kinderdorf, wo es versorgt wird. 2001: 3. Standard der Schule im Kinderdorf. Naikar, Hindu.

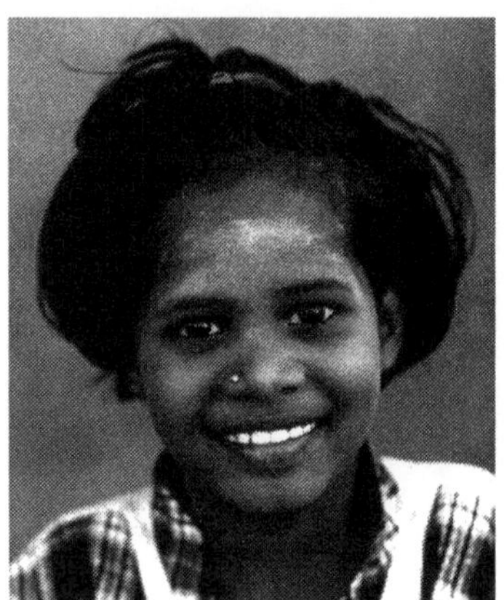

Anjana M.

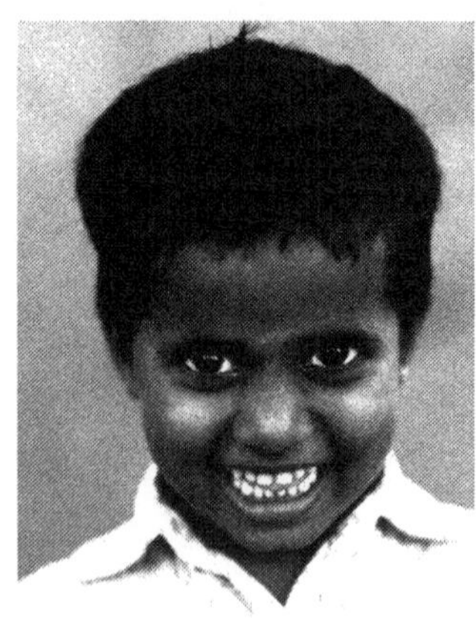

Nandhini M.

Anjana und **Nandhini M.** Der Vater Muniyan arbeitet als Tagelöhner (monatl. € 15.-). Die Mutter Malar ist kränklich und instabil. Für die Kinder ist es sehr wichtig, dass sie im Kinderdorf Fürsorge, ausreichende Ernährung und auch Ausbildungschancen erhalten. **Anjana**, Mädchen. 2001: 5 Jahre alt. 1. Standard heimeigene Schule. Adidravidar, Hindu. **Nandhini**, Mädchen, Alter unbestimmt. 2002: ca. 5 Jahre. 1. Standard, Adidravidar, Hindu.

Anandhi Shankar.; Mädchen, geboren am 5.6.93. Ihr Vater Shankar M. kann eines geistigen Defektes wegen nicht arbeiten. Die Mutter Parimala hat ein chronisches Leiden und arbeitet als Tagelöhnerin (monatl. € 15.-). Sie ist froh, dass Anandhi im Heim gut aufgehoben ist und eine gute Ausbildung erhält. 2001: 3. Standard heim-eigene Schule. Adidravidar, Hindu.

Ramaraj Thangavel, Junge, geboeren am 26.6.92. Sein Vater Thangavel und seine Mutter sind verstorben. Eine der Lehrerinnen im Kinderdorf, Velankanni, hatte sich des Jungen angenommen. Inzwischen wurde er ins Heim aufgenommen, wo ständig für ihn gesorgt werden kann. 2001: 5. Standard. Adidravidar, Hindu.

Venkatesan Enghumalai, Junge. Vater Enghumalai, ein Tagelöhner, und Mutter Kamala leben getrennt. Das Kind wuchs bei der Großmutter auf. Die arme Tagelöhnerin ist des Lesens und Schreibens unkundig. 2001: 8 Jahre alt. 5. Standard. Naikar, Hindu.

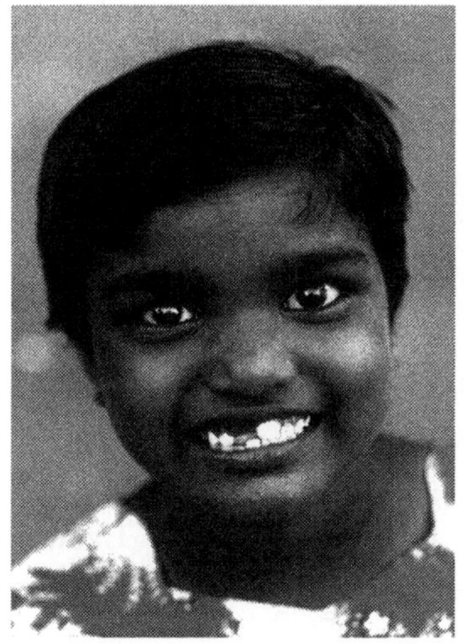

Anandhi S.

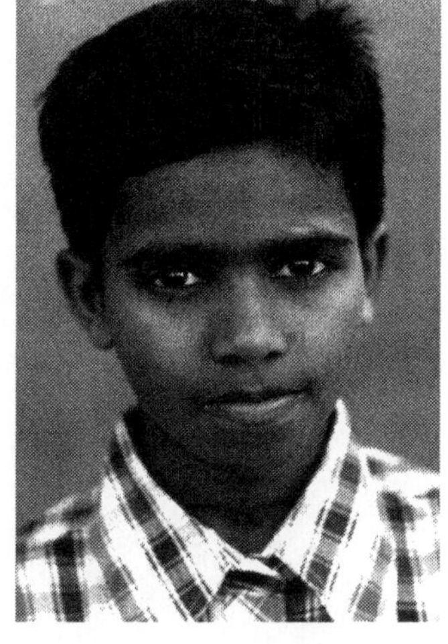

Ramaraj T.

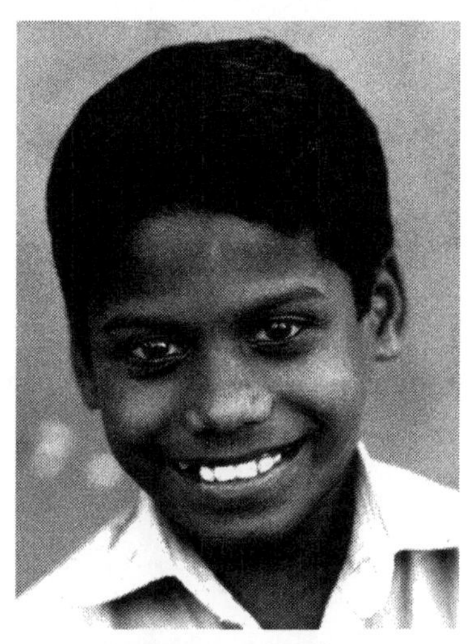

Venkatesan E.

Vaira Thilagam Vayappan, Mädchen, 15.2.92. Der Vater Vaiyappan verunglückte und verstarb. Die Mutter Manikkam hat keinerlei Einkommen. Das Kind benötigt Zuwendung und Fürsorge im Kinderdorf. 2001: 4. Standard. Kanjama Reddiyar, Hindu.

Manikandam Raman, Junge, ohne Altersangabe. Manjula, die Mutter, ist verstorben. Der Vater Raman, ein Tagelöhner (monatl. € 15.-), heiratete eine andere Frau. Von da an küm-merte sich niemand mehr um

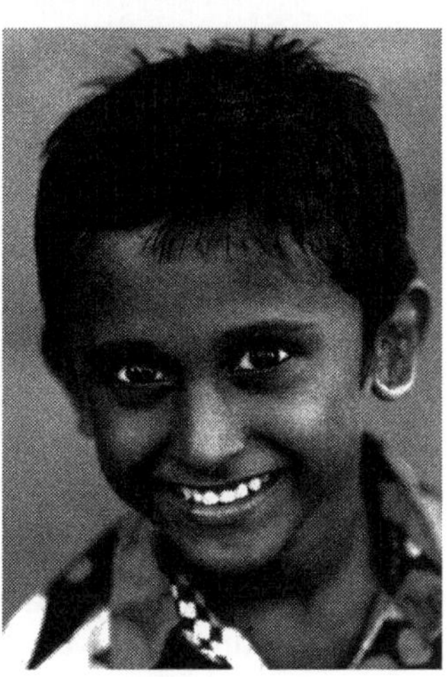

Vaira Thilagam V.

Manikandam R.

das Kind. Manikandam ist ausgesprochen glücklich darüber, im Kinderheim sein zu können. 2001: ca. 6 jahre alt. 1. Standard. Adidravidar, Hindu.

Subin Samraj, Priya Hamlet und **Samuel Rajappa**. Der Vater Rajappa verließ die Mutter Mary Joyce. Sie kam mit drei Kindern ins Kinderdorf und bat um Schutz. Jetzt wirkt sie dort als Hausmutter. **Subin Samraj**, Junge, 10-11-97. 2001: LKG. Christlich. **Priya Hamlet**, Mädchen, 12.3.99. Pre-KG. Christlich. **Samuel**, Junge, 6.11.2000. Christl.

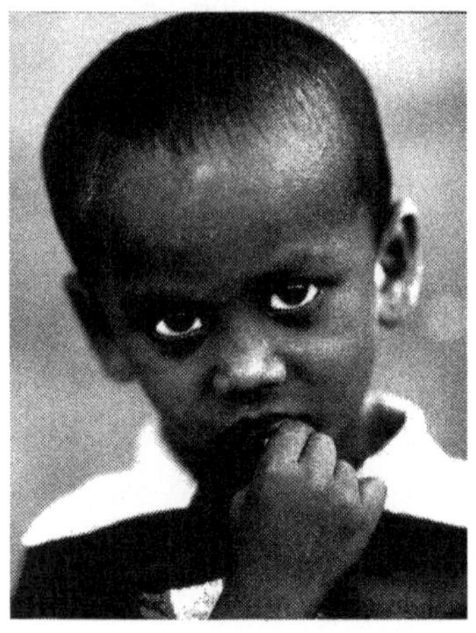

Subin Samraj

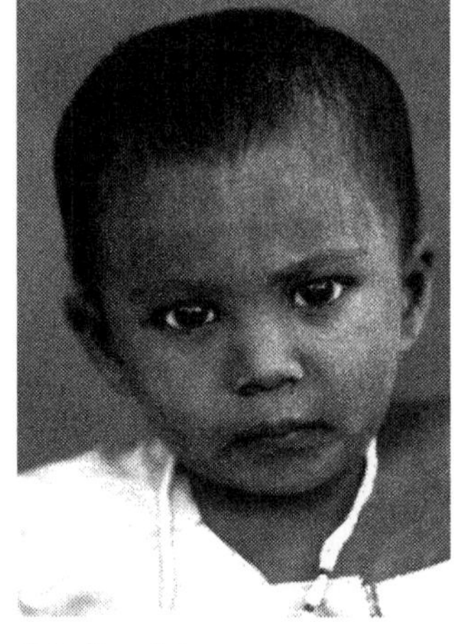

Pria Hamlet

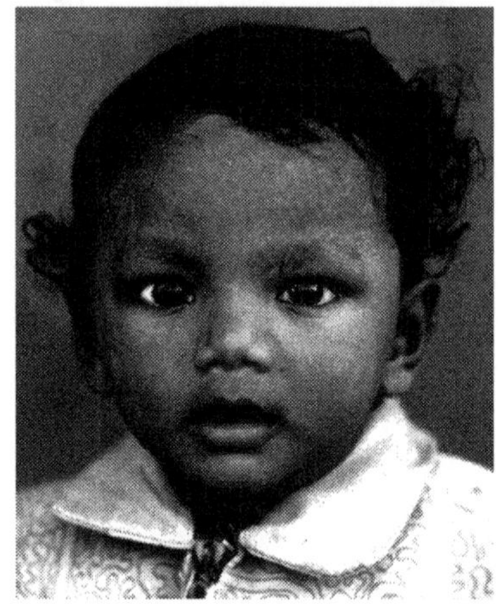

Samuel

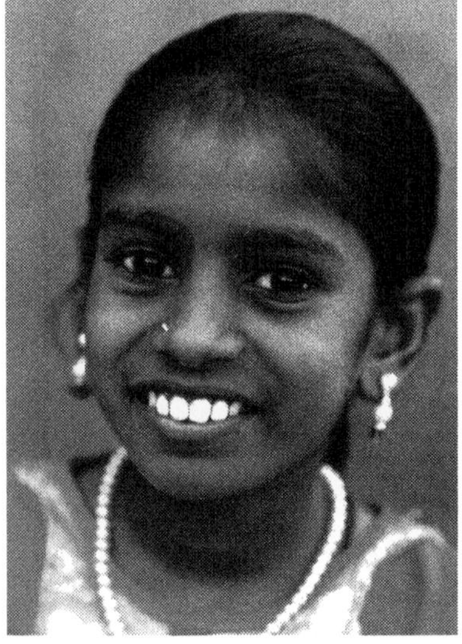

Parveen

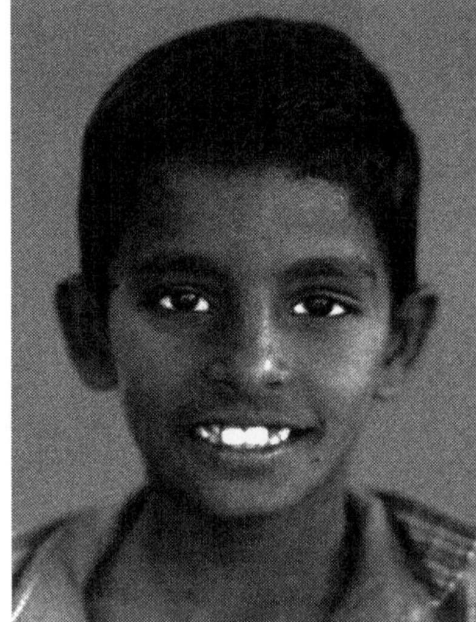

Dharani Dharan

Parveen Anvar, Mädchen, 17.5.92. Vater Anvar Basma hat die Mutter Shakeela und die Kinder verlassen und eine andere Frau genommen. Er zeigte sich niemals mehr in der Familie.
2001: 5. Standard. Parveen weiß die Fürsorge im Kinderdorf zu schätzen und liebt es, zu lernen. Muslim.
Dharani Dharan A. Junge. Sein Vater ist verstorben. Dharani ist ein sehr guter Freund von Manikandam und hat sich auch mit Gopi angefreundet. Die drei stecken immer zusammen und haben Spaß daran sich ganz speziell um unsere Ziegen zu kümmern. 2001: Dharani ist im 4 Standard. Hindu.

Hausmutter Mary Joice mit ihren Kindern Pria Hamlet, Samuel und Subin Samraj >

Gopi Sampath, Junge, geboren am 25. 3. 90. Sehr arme Familie. Der Vater Sampath, der als Kuli arbeitete, verließ Frau und Kind. Die Mutter Kala, die als Dienerin für monatlich Rs. 200.- (€ 5.-) schuftet, ist physisch und von ihrer Ausbildung her nicht in der Lage, für ihre Kinder zu sorgen. Eine Tante brachte Gopi ins Kinderdorf. 2000: 5. Standard, 2001: 6. Standard. Hindu.

Vimala Selvam (kein Foto), Mädchen, 2.7.96. Der Vater Selvam ist Trinker und kümmert sich nicht um die Familie. Die Mutter Poongodi lebt in totaler Armut, und hat auch noch ein Kleinkind zu versorgen. Vimala ist zufrieden, dass sie im Heim gut untergebracht ist, ausgewogene Nahrung erhält und lernen kann. 2001: 5 Jahre alt. UKG. Hindu.

Gopi

Durga und **Venkateshan Ravi.** (kein Foto). Der Vater Ravi verstarb infolge einer sehr schweren Gelbsucht. Die verwitwete Mutter Shanthi hat die Gelegenheit bekommen

Durga

jetzt als Haumutter in unserem Kinderdorf zu arbeiten. **Durga**, Mädchen, geboren am 1.7.91. 2001: 5. Standard. Hindu. **Venkateshan,** Junge. 2001: 4.Standard. Hindu.

"Education Children" - Kinder aus den Slums der Städte, vor allem aus Chingleput

Kathreen

Kathreen Chinappam, die Schwester von Selvam Chinappam, wird von uns seit 1993 betreut. (Selvam war das erste Patenkind, das bereits vor der Gründung von DEWI HH Ausbildungsunterstützung erhielt. Er ist heute Bildhauer.) Die Familie lebt in Mahabalipuram. Kathreen ist daher im Hostel einer Schule in Chingleput untergebracht. Sie kommt sehr gut mit den anderen Kindern aus. 1997 musste sie eine Klasse wiederholen. Sonderlich glücklich fühlt sie sich in dem strengen, von Nonnen geführten Heim nicht, doch hat sie sich mit der Zeit leidlich eingewöhnt. Wir haben ihr dringend ans Herz gelegt, in der Schule bis zum Ende des 12. Standard auszuharren. 2000: 13 Jahre, 11. Standard Higher Secondary School. 2001: 12. Standard. Nach dem Abschluss der Schule beabsichtigt sie, sich als Lehrerin oder Krankenschwester ausbilden zu lassen. SC, christlich. Die Mutter ist Hindu.

Hilda Kirubai und **Jacob Jeyakumar Balsing.** Ihre alleinstehende Mutter ist kränklich und steht, wie auch die Tochter, unter ärztlicher Kontrolle. **Hilda** wird seit 1994 von DEWI SARASWATI HH unterstützt. Sie hat sehr gut gelernt und beherrscht auch gut Englisch. Wir halfen Hilda ihren sehnlichsten Wunsch zu erfülllen, nämlich eine Ausbildung in traditionellem Tanz und in Karate zu absolvieren. Ursprünglich besuchte sie eine christliche Schule. Dort wurde sie aber bedrängt, ihr geliebtes Tanzen aufzugeben, weil das zu „heidnisch" sei. Deshalb hat DEWI India Hilda in der Ramakrishna Higher Secondary Schule angemeldet. Sie hat mehrere Preise im Tanzen gewonnen und bei unseren Einweihungsfeierlichkeiten 1997 und 1999 den Bharata Natya Tanz vorgeführt. Inzwischen gibt sie für die Kinder im Heim Tanz- und auch Karateunterricht. 1999 schaffte sie mit 18 Jahren den Abschluss des 12. Standard ihrer Schule. Sie erhält jetzt eine Ausbildung als Krankenschwester und hilft

Hilda Kirubay

in ihrer Freizeit als Ausbilderin in der Vorschule mit. Hilda trägt mit Stolz ihre Nurse-Tracht. 2000: 19 Jahre alt. Diplom Nursing School Mana Madurai. 1. Jahr. 2001: 2. Jahr Ausbildung als Krankenschwester (Gesamtausbildung vier Jahre). SC, christlich.

Jacob Jeyakumar lernt sehr gut - trotz der Schwierigkeiten in der kleinen Hütte, in der seine Familie lebt, zu studieren. In seiner Schulzeit war Jacob deshalb einige Zeit in einem Hostel untergebracht. Er war schon immer ausgesprochen fleißig. Wegen seiner gesundheitlicher Probleme benötigte er zusätzliche ärztliche Betreuung. 1999 absolvierte er, erst 16 Jahre alt, den 12. Standard der St. Columbus Hr. Sec. School.

2000: 17 Jahre alt, begann eine Ausbildung (ITA Technical Education) zum Ingenieur in Madras. Dann bekam er unerwartet einen Platz in einem Hospital in Velore.
2001: 2. Jahr eines Vierjahreskurs als Krankenpfleger. Adidravidar (SC), christlich.

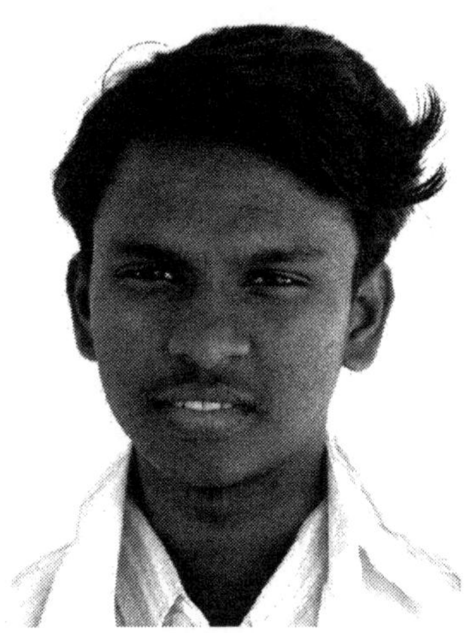

Jacob Jeyakumar

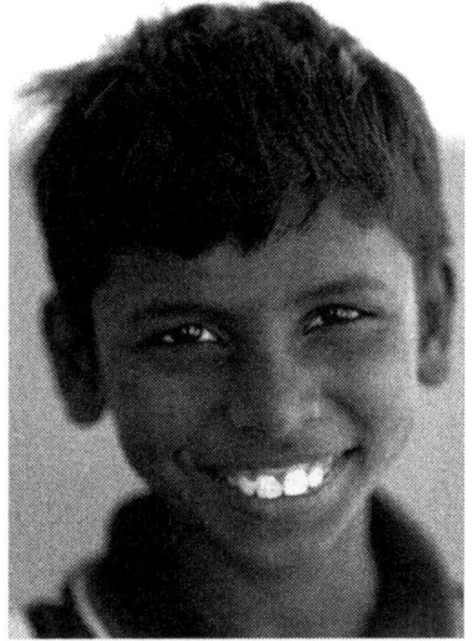

Vinoth

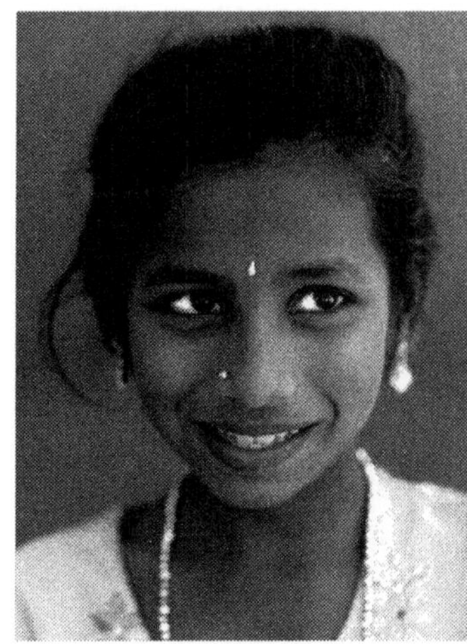

Anita

Vinoth und **Anita Mohan.** Die Eltern der Geschwister, Mohan und Vanaja, stammen aus der Dobi (Wäscher) Kaste (MBC). **Vinoth** ist sehr nett und pfiffig, verursacht aber einige Probleme. Er lernte nicht sehr gut. DEWI India wies die Mutter an, ihn zum Nachhilfeunterricht zu schicken. Er wurde durch Zusatzunterricht gefördert. Inzwischen geht es ihm gesundheitlich besser und er lernt auch besser. Er war froh, dass er zusammen mit seiner Schwester Anita in die gleiche Schule gehen konnte. Vinoth ist noch sehr verspielt und schelmisch. Der Vater ist Alkoholiker und kümmert sich nicht um die Familie. Vinoth ärgert seinen Vater, macht immer nach, wie er sich verhält, wenn er betrunken ist. 2000: 10. Jahre alt, 5. Standard Allison Cassie Higher Sec. School. 2001: 6.Standard. MBC, Hindu. **Anita** ist sehr gut in der Schule, sehr aktiv und lustig. Sie ist ein sehr nettes Kind und fast so schelmisch wie ihr Bruder. Die beiden verstehen sich hervorragend. Aber auch Anita ist nicht gesund.

Sie benötigte eine ausgewogene Ernährung und braucht auch Medizin. Ernste Probleme hat sie mit ihrer Haut. Das kommt dadurch, dass sie in einer sehr unhygienischen Umgebung, in den Slums, lebt. 2000: 9 Jahre alt, 2001: 4. Standard Allison Cassie School. Anita lernt gut. MBC, Hindu.

Mano Ruby ist ein sehr bedürftiges Mädchen.   >
Der Vater verließ die Familie und heiratete eine andere Frau. Die Mutter ist herzkrank, muss aber dennoch Geld verdienen und arbeitet deswegen in einem Haus von Hebammen. Ihr Einkommen ist sehr gering. Mano wurde bis zum 7. Standard von Pateneltern über eine andere deutsche Organisation unterstützt. Nach deren Regularien werden jedoch

Kinder nach dem 7. Standard oder, wenn sie älter als 12 Jahre sind, aus der Unterstützung herausgenommen. Bis dahin hatte auch nur das Mädchen etwas Hilfe erhalten, obwohl in diesem Fall sowohl das Kind, als auch die Mutter, auf Hilfe angewiesen war. Beide sind gesundheitlich labil und benötigen etwas mehr gute Nahrung und medizinische Behandlung. Mano hat einen älteren Bruder, Jesupadam, der arbeitslos ist. Mittlerweile hilft er gegen ein kleines Honorar als Nachhilfelehrer im Irular-Dorf K. aus. Die Mutter und ihre Kinder leben in einer kleinen Hütte in K.K.- Nagar in Chingleput. Mano ist ein sehr kluges Mädchen, bringt beständig gute Noten nach Hause und ist auch gut in Sport. Sie will Krankenschwester werden. 2000: 17 Jahre alt, 10. Standard Allison Cassie School. 2001 11. Standard. Christlich.

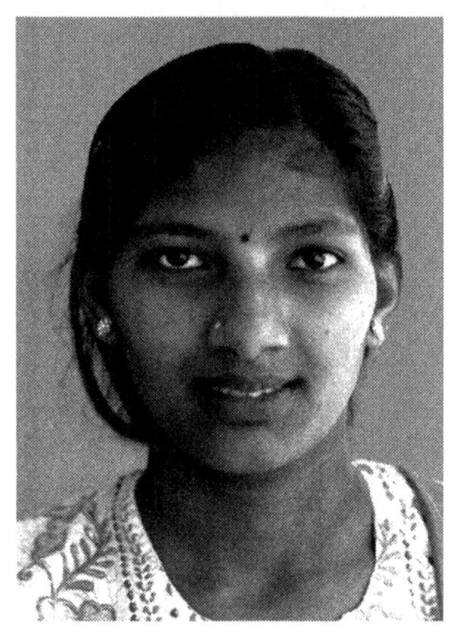

Lokeswari Rajendran lebt in einer bedürftigen Familie. Vater Rajendran arbeitet in einem Teeladen. Die Mutter Dewaki hat Arthritisprobleme, so dass sie nicht in der Lage ist, arbeiten zu gehen. Anfang 1997 besuchte das Kind den 7. Standard der Government Higher Secondary School. Die Mutter bat uns für die Ausbildung von Lokeswari aufzukommen. Hätten wir das nicht getan, dann hätten die Eltern die Ausbildung des Mädchens abbrechen müssen. In ihrer Familie leben noch drei ältere Brüder. Rahman ist Schneider in einem Geschäft und verdient ein bisschen Geld. Manikantam, der anderer Bruder, will Fahrer werden. Ganavil arbeitet in einem Teeladen. Die Mutter ist sehr daran interessiert, dass gerade das Mädchen eine gute Ausbildung erhält. Lokeswari macht sich sehr gut in der neuen Schule, hat sich auch gut eingelebt und ist glücklich, ihre Ausbildung jetzt fortführen zu können. Ihre Leistungen sind konstant sehr gut. Sie will nach ihrer Abschlussprüfung nach dem 12. Standard als Lehrerin ausgebildet werden. 1999: 15 Jahre alt, 11. Standard Government Hr. Sec. School. 2001: 12. Standard. Lokeswari will Lehrerin oder Sekretärin werden. MBC (Wanya), Hindu.

Melki Shedek, Kamalesan und **Pretheeba Balaraman Franklin.**
Der Vater Franklin ist Lohnarbeiter im Krankenhaus. Die Mutter Usha war Lehrerin an der Grundschule und liest sehr gerne. Daher sind alle Kinder sehr ausbildungsmotiviert. Jetzt arbeitet Usha in einer Government Pre-school. Sie bekommt umgerechnet € 10.- im Monat. Das Einkommen reicht nicht aus, um den drei Kindern eine vernünftige Ausbildung zu ermöglichen. **Melki Shedak** arbeitet sehr hart, ist ein guter Musiker, spielt Tawla. Er hat sich nach Abschluss der Schule im Jahr 1998 endgültig dafür entschieden, eine Mechanical Engineering School (Polytechnikum, Ingenieurausbildung) in Thirukalikundram zu besuchen, die er mit dem Bus erreichen kann. Nach dreijähriger Ausbildung möchte er einen weiteren Zweijahreskurs absolvieren, mit dem Ziel den akademischen Grad eines Bachelor des Ingenieurwesen (entspricht etwa Diplom-Ingenieur) zu erwerben. 2000: 19 Jahre alt, Mechanical Engineering School. 2001: Melki will sein Studium 2002 abschließen. Anschließend kann er ein Engeneering Colledge besuchen, um in weiteren zwei Jahren einen Abschluss als Bachelor zu machen, wenn er unterstützt wird. Adidravidar (SC), christlich. **Kamalesan** ist gesundheitlich nicht so gut beieinander. Dennoch lernt er sehr eifrig und ist sehr gut in Sport und Musik. Früher - 1998 - drückte er

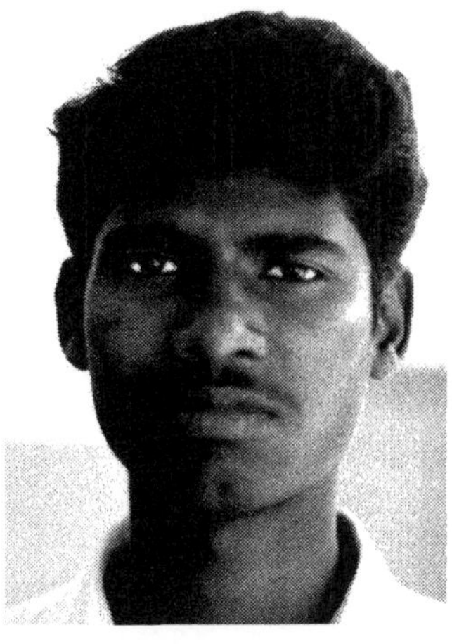

Melki Shedek

Kamelasin

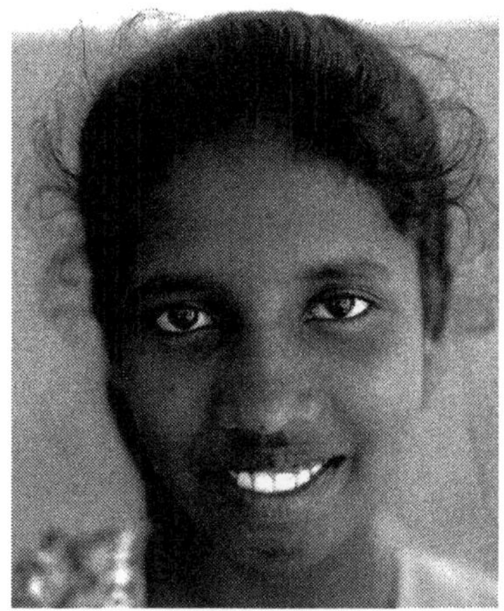

Pretheeba

sich immer vor der Schule. Es wurde ihm dann klar gemacht, dass er durch eine bessere Ausbildung mehr Chancen im Leben hat. Daraufhin hat er sich total verbessert. Damals wurde ihm auch dabei geholfen, die Schule zu wechseln. Er war in einer protestantischen Schule, wo die Lehrer ihn schlugen, wenn er etwas nicht wusste. So mochte er überhaupt nicht zur Schule gehen. Dann wurde von DEWI India seinen Eltern nahegelegt, ihn besser an eine geeignete, gut geführte, staatliche Schule zu geben. Da hat er mehr Freiheiten. Er lernt jetzt wirklich gut. 2000: 17 Jahre alt, 12. St. Government Hr. Sec School. 2001: Studiert im Balaji Polytechnikum in Chennai Elekroinstallation. Adidravidar (SC), christl.

Pretheeba ist fröhlich, lernbegierig, sehr intelligent und auch ganz hervorragend in der Schule. Sie will später einmal Krankenschwester (nurse) oder aber Lehrerin werden und dann in unserem Heim arbeiten. Das ist für uns sehr wichtig, weil außenstehendes medizinisches Personal in Indien in der Regel nicht so sehr gern auf dem Land arbeitet. Wir sind langfristig auf Lehrer und auf medizinische Kräfte angewiesen, die wir selbst ausbilden. Das ausgesprochen nette Mädchen kann Englisch schreiben und lesen. Pretheeba ist sehr intelligent und beständig sehr gut in der Schule. 2000: 13 Jahre alt, 10. Standard St. Mary´s Hr. Sec. School. 2001: 11. Standard. Lernt sehr gut, und zwar im englischsprachigen Zweig der Schule. Will Lehrerin werden. Adidravidar (SC), christlich.

Kartic Laksmanan ist ein sehr netter Junge. Der Vater ist Alkoholiker und kümmert sich nicht um die Familie. Die Mutter Mahisuari arbeitet für geringen Lohn als Dienerin in einem Haushalt, um Nahrung für ihre drei Jungen - Kartic, den älteren Bruder Prabu und den jüngeren Sateesh - zu besorgen. 1999 war Karthic 13 Jahre alt und in der Government Hr. Sec. School. Inzwischen geht er in eine bessere Schule.

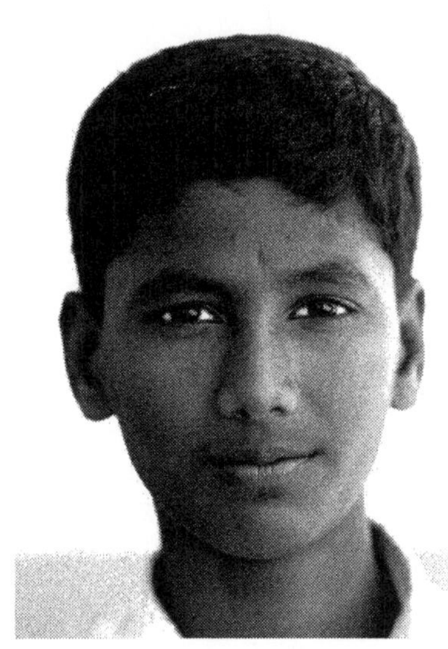

Karthic Laksmanan

2000: 14 Jahre alt. 10. Standard Ramakrishna Hr. Sec. School. 2001: 11. Standard. Er ist gut in der Schule und möchte bis zum 12. Standard weitermachen. Yadavar (MBC), Hindu.
Sateesh Kumar (keine Bild), Junge. Sehr dünn und unterernährt. Der Vater hat eine anderer Frau genommen, belästigt aber dennoch die Mutter. Sie lebt in Kamaraja Nagar, einem Slum von Madras und verdient Rs. 75 monatlich (€ 1,92). Die Kinder leben bei der Großmutter, die gut zu ihnen ist. An sich sollte Sateesh ins Kinderdorf kommen, aber die Großmutter braucht jemanden, der bei ihr lebt. 2001: 7. Standard. 2001: 8. Standard.
Gheeta Venkatash ist ein sehr bedürftiges Kind. Vater Venkatash und Mutter Vijala-kashmi haben sich 1998 getrennt. Die Mutter lebt bei ihren Eltern, die sich mit dem Verkauf von Milch durchschlagen. Sie ist sehr kränklich und kann nicht arbeiten. Gheeta ist ein sehr charmantes und aktives Kind, lernt konstant sehr gut, geht zu einer guten Schule. 2000: 8 Jahre alt, 5. Standard Ramakrishna School. 2001: 6. Standard. Weiterhin ausgesprochen gut in der Schule. Macht einen ausgeglichenen und glücklichen Eindruck. MBC, Hindu.

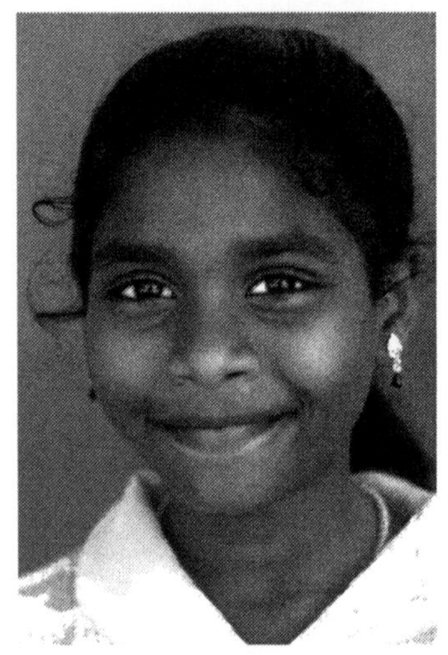

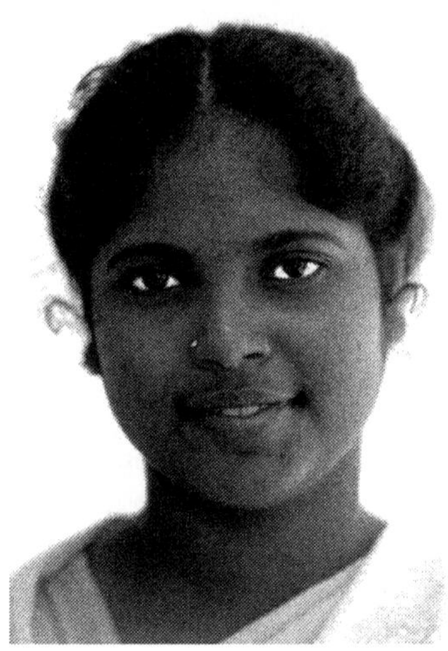

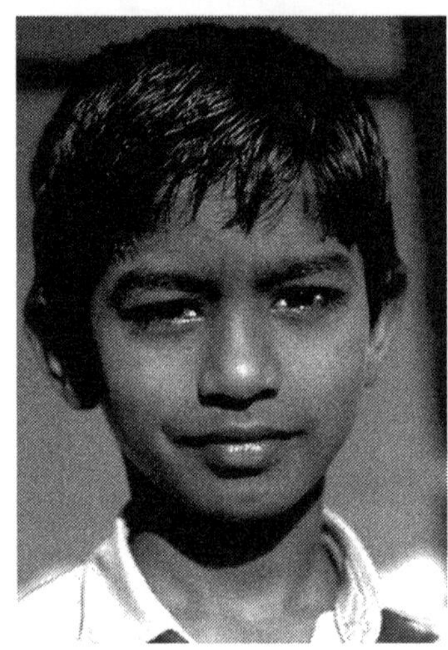

Gheetha   **Roselyne**   **Solomon**

Roselyne Devakirubai und **Solomon Rajasekar Ravikumar** sind die Kinder eines Küsters. Er verdient umgerechnet € 12.- im Monat. Die Mutter Mary hat keine Arbeit. Sie werkelt als Dienerin im Haus eines Pastors. **Roselyne** ist seit früher Kindheit – und bis heute ständig - schwer zuckerkrank und leidet auch noch unter Bluthochdruck. Sie steht ständig unter Medikamenten, die sehr teuer sind. Zur Zeit müssen umgerechnet etwa € 25.- monatlich für Medikamente für sie ausgegeben werden.   Trotz ihrer gesundheitlichen Benachteiligung ist sie eine exzellente Schülerin. Sie will unbedingt Lehrerin werden. 2000: 17 Jahre alt, 11. Standard Higher Secondary School. 2001: 12. Standard.   Roselyne möchte gern in ein College gehen.   Ihr Hauptproblem ist ihre angeschlagene Gesundheit. Sie hat die Möglichkeit entweder Lehrerin zu werden oder etwas zu studieren (z.B. Architektur). Adidravidar (SC), christlich.
Solomon, der jüngere Bruder, ist ein sehr intelligentes und aktives Kind.   Der ausgesprochen nette Junge ist sehr eifrig und gut in der Schule. 2000: 10 Jahre alt, 6. Standard TELC Lutheran Middle School. 2001: 7 Standard. Betreibt seine Ausbildung sehr ernsthaft. Adidravidar (SC), christlich.

Satya Pandu ist ein außergewöhnlich lebendiges, kluges Mädchen und sehr charmant. Sie ist an sich sehr fröhlich und zufrieden. Sie spricht immer wieder davon, wie glücklich sie ist, zur Schule zu gehen, und sie ist auch sehr gut in der Schule. Der Vater ist Alkoholiker, die Familie sehr bedürftig. Leider hat sie in der Familie keine Ruhe, weil sie der Vater schlecht behandelt. 1999 wurde sie sehr krank. Jetzt geht es ihr wieder besser. Das Kind würde sehr gerne in unser Kinderdorf kommen. Das wäre auch gut für sie. Hier könnte sie sich erholen. (Da lebt auch ihre gute Freundin Alamelu.) Aber die Mutter traut sich nicht, sie ins Dorf zu geben. Der Vater will einerseits die beiden Mädchen um sich haben, behandelt sie andererseits aber miserabel. (Satya war immer ein strahlendes charmantes Kind. Inzwischen ist sie enorm abgemagert und sieht recht elend aus. Es ist wirklich

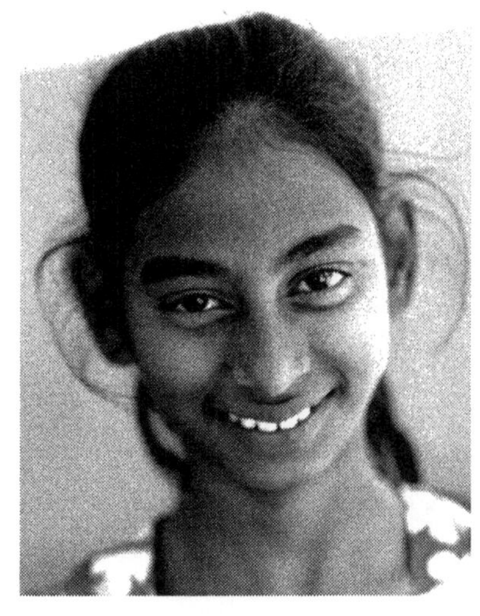

Satya

furchtbar, was sogar die eigenen Eltern einem Kind antun können – und es ist schlimm mit ansehen zu müssen, dass man wenig tun kann, wenn die Eltern nicht kooperieren).
2000: 11 Jahre alt, 7. Standard Allison Cassie Primary School. 2001: 8. Standard. Satya möchte gern ins Kinderdorf kommen. Was sie zurückhält ist, dass sie die einzige Unterstützung für die Mutter darstellt, die vom Vater übel behandelt wird. Hindu. Adidravida (SC).

Palni Velu und **Tamil Selvi Kanchana** leben mit ihren armen Eltern in einer Slumhütte in Chingleput, ganz in der Nähe des Hauses von Ruby James. Der Vater hat einen niedrigen Job in der Administration. Die Mutter ist ohne Arbeit. **Velu** ist ein aufgeweckter und fröhlicher Typ. Er wurde durch ein spezielles Tutorium (Nachhilfe) gefördert. So bestand er seine Prüfung nach dem 12. Standard der Ramakrishna School. Velu will Elektroingenieur werden. Er erhält dementsprechend eine polytechnische Ausbildung (ITI). 2000: 18 Jahre alt.

Palni Velu

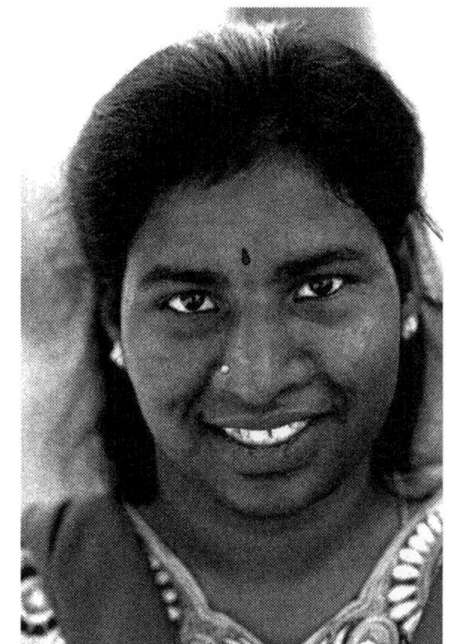

1. Jahr ITI (Indian Technical Institut). 2001: 2 Jahr Polytechnikum. SC, Hindu. **Tamil Selvi** hat ein Tutorium in Englisch und Mathematik bekommen, lernt jetzt sehr gut und ist sehr motiviert - die Zweitbeste in der Schule.
2000: 17 Jahre alt, 12. Standard Ramakrishna School.
2001: 1. Jahr kaufmännische Ausbildung. SC., Hindu.

Tamil Selvi

Puniya Kotti

Puniya Kotti und Kalpana Thulasingam. Der Vater Thulasingam ist eigentlich Zimmermann, aber er geht kaum zur Arbeit. Seine Freunde gehören einer üblen Gang an. Zudem ist er Alkoholiker. Die Mutter Dewi Lakshmi verkauft Blumen vor dem Government Hospital in Chingleput. Sie befindet sich in einer schwierigen Situation und ist daher jetzt sehr glücklich, dass das Kind gefördert wird und so seine Ausbildung fortsetzen kann. Die Mutter selbst ist nicht in der Lage die Gebühren und alles andere zu bezahlen. Sie ist auf Hilfe durch **DEWI SARASWATI** angewiesen. **Puniya Kotti** ist sehr klug und recht intelligent, sehr redegewandt und macht sich gut an der Schule. Er zog immer mit seiner Mutter los, um Blumen zu verkaufen. So lernte er überzeugend zu reden. 2000: 10 Jahre alt, 6. Standard St. Joseph´s Primary School. 2001: 7. Standard. Er kümmert sich sehr um die Mutter, hilft ihr und beschäftigt sich rührend mit der kleinen Schwester. Punya Kotti ist ein sehr guter Junge. Hindu.

Die kleine Schwester **Kalpana** sollte eigentlich ins Kinderdorf aufgenommen werden, aber sie rannte immer wieder davon, um ihre Mutter zu suchen. Das Kind muss noch ein bisschen größer und unabhängiger von der Mutter werden, dann soll es ins Kinderdorf kommen. 2000: 6-7 Jahre alt, 3. Standard. 2001: 4. Standard. Kalpana ist nicht sehr gut in der Schule. Weil die Eltern ständig miteinander streiten, leidet sie unter Phantastereien. Aber sie nimmt jetzt doch regelmäßig am Unterricht teil. Hindu.

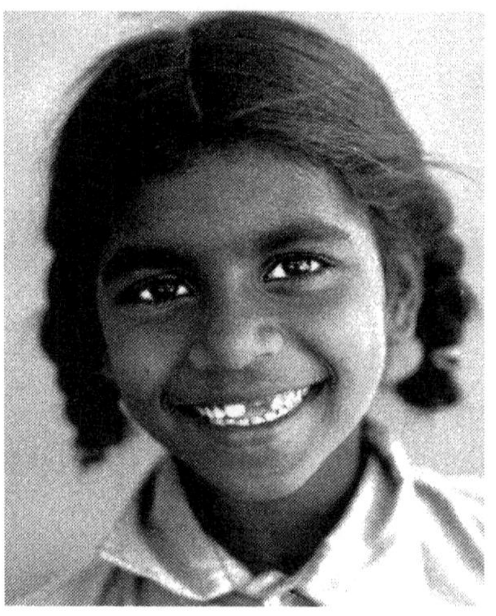

Kalpana

Gheeta. Die Mutter ist erst 20, hat noch ein weiteres Kind, aber bereits ihren Mann verloren. Die Dorfleute sahen sie als alleinstehende hübsche junge Frau im Haus ihres verstorbenen Mannes für sehr gefährdet an und veranlassten sie mit Nachdruck, wieder zu heiraten. Sie haben ihr einen wesentlich älteren Mann ausgesucht. Der aber ist nicht fähig, zu arbeiten. So kam die junge Frau vom Regen in die Traufe. Sie ist jedoch sehr glücklich darüber, dass wenigstens Gheeta einer gute Ausbildung erhält und auch ausreichend ernährt werden kann. 2000: 6 Jahre alt, 2. Standard Primary School. MBC, Hindu.

< **Gheeta**

Ranjitham (kein Foto)und **Ranjith Kumar** sind die Kinder von Padma, unserer ersten Hausmutter. Ihr Vater ist vor vier Jahren an einer Herzattacke verstorben. Darunter haben beide Kinder sehr gelitten. Der Vater hat eine Hütte in einem Dorf besessen. Die Mutter Padmas bat sie zu ihr ins Haus zu ziehen. Nur dadurch könnten die Leute davon abgehalten werden, sich das Haus anzueignen. Padma sah sich genötigt, zu ihrer Mutter zu ziehen. Wir bedauerten das, da sie eine gute Hausmutter war. Wir sorgen jedoch dafür, dass die beiden Kinder als „education children" darin unterstützt werden, eine gute Ausbildung zu erhalten. So können beide zur Schule gehen. Sollte sich die Familiensituation ändern, werden wir Padma mit ihren beiden Kindern gerne wieder ins Kinderdorf aufnehmen. So hatten wir es uns gedacht.

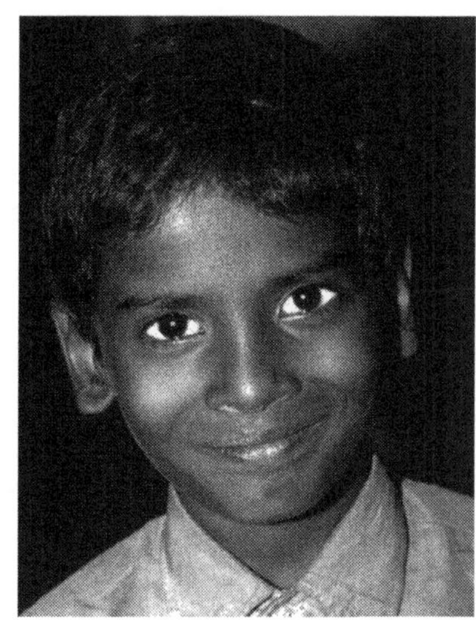

Ranjith Kumar

Gegen Ende des Jahres 2001 haben aber beide Kinder eine Ausbildungsbeihilfe von der Church of South India zugesagt bekommen. Sie wurden in verschiedene CSI-Heime aufgenommen. Die Ausbildung der Kinder ist damit gewährleistet. Wir hätten es dennoch vorgezogen, sie in unser Kinderdorf aufzunehmen. Sie hätten es da besser gehabt. Die Atmosphäre dort ist freundlichen und freier.

Ranjitham ist ein liebes, sanftes Mädchen. Als Folge von Mangelernährung hatte sie schlechte Milchzähne. (Die meisten Kinder, besonders die Mädchen, sind unterernährt. Die Folge davon sind z.B. Hautausschläge, aber auch mentale Probleme).
2000: 9 Jahre alt. Im 4. Standard. 2001: 5. Standard. Anderson High School Kanjipuram. MBC, Hindu.

Ranjith Kumar hatte zunächst in der Schule Probleme. Er hatte Sehnsucht nach dem Vater und litt darunter, dass die Familie nicht mehr komplett ist. Durch Nachhilfe, insbesondere in Englisch, haben sich seine Leistungen verbessert. 2000: 10 Jahre alt, 5. Standard. 2001: 6. Standard Anderson High School Kanjipuram. MBC, Hindu.

Sagana und **Josua** sind Kinder von Philomena. Ihr Mann verließ sie, als sie das zweite Kind bekam. Nun musste sie bei ihren alten Eltern leben. Wir beschäftigten sie 1998 probeweise 6 Monate als Hausmutter. Das Mädchen und der Junge zogen mit ihr zusammen in ein Haus ein. Die Mutter jedoch war launisch, schlug ihre eigenen Kinder, fiel immer wieder in schwere Depressionen. Der Seelenarzt, zu dem wir

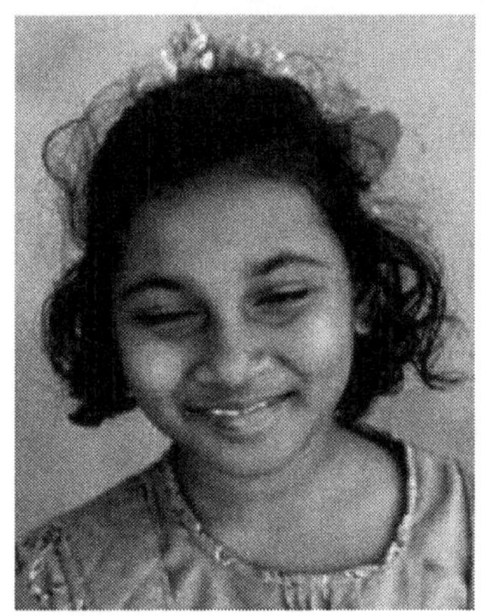

Sagana

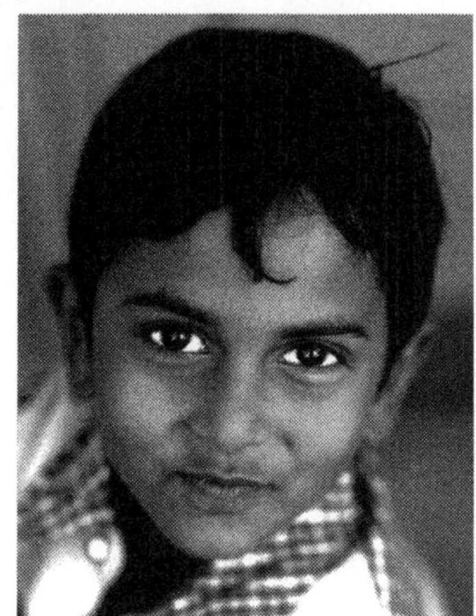

Josua

sie schickten, riet uns, sie nicht als Hausmutter einzusetzen. Sie kam bei ihrem Vater, der früher Lehrer war und inzwischen in Pension ging, unter. Er schrieb (Anfang 1999), dass sie immer noch psychische Probleme habe. Sie schreit in der Nacht. Andererseits hätschelt die Mutter beide Kinder und will sie nicht hergeben. Der Großvater fragte DEWI India, ob beide Kinder zurück ins Heim können. Im Augenblick hängen jedoch die Kinder noch zu sehr an der Mutter. Aber wir unterstützen die Kinder derzeit in ihrer Ausbildung. Später wollen wir sie wieder zu uns nehmen. Die Mutter kann dann eine andere Aufgabe im Kinderdorf übernehmen. **Sagana** hat Probleme. Sie wird ständig krank und hat erhebliche psychische Blockaden. Daher hat DEWI India veranlasst, dass sie behandelt wird. Im Dezember 1999 verstarb Philomenas Vater an einer Herzattacke. Nun hat Saganas und Josuas Mutter niemand mehr, der sich um sie kümmert. Sie kann ein bisschen nähen. So hat sie von DEWI India eine Maschine bekommen und verdient sich ihren Lebensunterhalt. Ihr Schwiegervater hilft den Kindern. DEWI SARASWATI unterstützt deren Ausbildung und Ernährung. Inzwischen hat sich herausgestellt, dass Sagana ernsthafte Schwierigkeiten mit ihrem Gehirn hat. Die Ärzte sagen, dass sie nicht ständig lernen kann (eine typische Folge von Mangelernährung) und dass sie nicht in der Lage ist hart zu arbeiten. Daher will die Mutter im Augenblick das Kind nicht im Heim lassen. Es besteht die Absicht, wenn das Kind auskuriert ist, es nach dem 5. Standard ins Heim aufzunehmen. 2000: 9 Jahre alt. 3. Standard einer privaten Schule in ihrem Wohnort Wilepuram (English Medium School). 2001: 4. Standard. Sie lernt trotz ihrer gesundheitlichen Einschränkung gut. Christlich. **Josua**, der kleine Bruder, hängt noch sehr an seiner Mutter. 2000: 4 Jahre alt. Er geht zur heimeigenen Vorschule
2001: 1. Standard. Auch er soll später ins Kinderdorf aufgenommen werden. Christlich.

Deepa

Deepa Balu ist ein sehr nettes und charmantes Mädchen, stammt aus einer armen Dalit Familie mit 5 Mädchen. Sie leben in einem Dorf in der Nähe von Chingleput. Die Mutter Devaki arbeitet als Kuli in einem Haushalt. Der Vater Balu ist verstorben. Bis 1996 lernte Deepa als einziges der 5 Kinder in einer guten Schule mit der Hilfe eines Lehrers. Das wirkte sich durchaus positiv auf ihr Ausbildungsniveau aus. Doch der Grundschullehrer konnte Deepa bei einer weiterführenden Ausbildung nicht mehr helfen. So hat sie mit Hilfe von DEWI SARASWATI ab Juni 1996 die 8. Klasse besucht. Sie ist eine sehr gute Basketball-Spielerin, spielt im Team von St. Mary´s Higher Secondary School. Deepa ist überhaupt ein ausgesprochen aufgewecktes Kind. Sie macht sich gut in der Schule. Iihre Ausbildung verläuft sehr erfolgversprechend. Die Mutter ist sehr an einer guten Ausbildung von Deepa interessiert. Deepa hätte 1999 eigentlich mit Abschluß des 10. Schuljahrs die Schule verlassen müssen, um eine weiterführende Ausbildung zu erhalten. Die Schulleitung arrangierte es jedoch so, dass das Kind die 10 Klasse wiederholen musste. Man wollte die exzellente Basketball-Spielerin der Schulmannschaft erhalten. Das ist zwar keine sehr geradlinige Ausbildungsmaßnahme. Andererseits nützen in Indien alle sportliche Auszeichnungen der beruflichen Karriere. Alle Institutionen und Betriebe sind an guten Sportlern, insbesondere aber auch an Sportlerinnen, interessiert und stellen sie bevorzugt ein.

Wegen ihrer guten Leistungen in Basketball, bekam sie sogar von der Schule ein Training in Delhi gesponsert. Sie wünscht sich 2000 eine Computer-Ausbildung anzufangen. Andererseits könnte Sie sehr leicht einen Job haben, weil sie gut in Sport ist. In Indien gibt es nur wenige Sportlerinnen, weil die Leute in der Regel Mädchen ungern Sport machen lassen. 2000: 16 Jahre alt. 2001: 17 Jahre. Deepa ist nach Chennai umgezogen. Sie hat dort eine gute Stellung in einer Firma bekommen. SC. Hindu.

Ebenezer (kein Foto) und **Immanuel Caleb.**

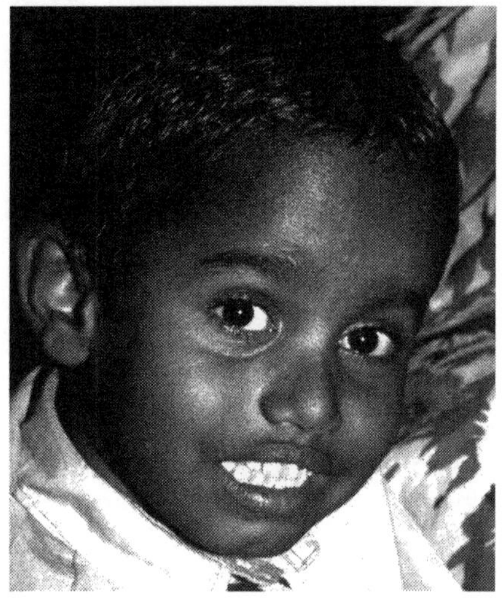

Immanuel

Die Mutter stammt aus der total vernachlässigten Armensiedlung Ambedkar Nagar, einem Vorort von Chingleput. Die Häuser liegen neben einem Müllfeld. Einige Bewohner schlagen sich damit durch noch verwertbare Müllreste zu sammeln. Der Vater der Beiden, Caleb, ist Analphabet. Er arbeitet in einer Teebude. Die Mutter ist arbeitslos. Die Eltern leben mit ihren zwei Kindern in einer winzigen Hütte. Die Kinder werden zu einer ihrer hohen Intelligenz angemessenen guten Schule geschickt. (Das Gelände von Ambedkar Nagar, in dem die Menschen leben müssen, ist als Wohnort eigentlich unzumutbar.)

Ebenezer wurde ab 1999 gefördert. Der Junge ist intelligent, recht eifrig und sehr gut in der Schule. 2000: 6 Jahre alt.. 2. Standard Columbus Primary School. 2001: 3. Standard. SC, christlich.

Ebenezers Bruder **Immanuel** ist ein ganz besonders aufgewecktes und lustiges Kind. Der kleine Kerl ist ausgesprochen kommunikativ. Er hat ein sehr heiteres Wesen - was erstaunlich ist, wenn man an das Umfeld denkt, in dem er aufwachsen muss. 2000: 5 Jahre, UKG. 2001: 1. Standard Columbus English Medium School. SC, christl.

Kaniyammal, Renu und **Juveraj** sind die Kinder von Kali. Kali ist verwitwet. Ihr Mann starb 1998 durch einen Verkehrsunfall. Siei besitzt eine kleine Hütte im Dorf Kilavedu. Sie gehört zu unserem Personal und bleibt den ganzen Tag im Kinderdorf um hier zu helfen. Nur nachts geht sie nach Hause, damit nicht Leute ihr Haus in Beschlag nehmen und es ihr wegnehmen. Sie ist eine sehr tüchtige und intelligente Frau, hilft auch in der Küche, kümmert sich um das Heim und um die Kühe. Ihre Kinder gehen zur Schule, bekommen im Kinderdorf Essen, Kleidung und alles, was sie für Ihre Ausbildung brauchen. Sie werden hier voll unterstützt, wie die Heimkinder. Nur nachts gehen sie meist zusammen mit der Mutter nach Hause. Alle drei Kinder sind außerordentlich intelligent und sehr gut in der Schule. Sie sind viel mit unseren Heimkindern zusammen, spielen mit ihnen und versuchen auch noch von ihnen etwas zu lernen.

Kaniyammal ist eine sehr gute Schülerin und geht ab 2000 zusammen mit zwei anderen Kindern zur Stadt in eine weiterführende Schule. Sie will Lehrerin werden. 2001: 13. Jahre alt. 7. Standard. Kaniyammal ist sehr gut in der Schule. Sie achtet auf die anderen Kinder, die mit ihr zur Secondary School in der Stadt gehen, fühlt sich verantwortlich und geht auch energisch gegen Jungen vor, die Mädchen belästigen wollen. MBC, Hindu.

Renu, der unter dem Tod seines Vaters sehr gelitten, hat das inzwischen überwunden. Er ging zusammen mit seiner Schwester in die Nemmeli Schule, und zwar 1999 in den 6. Standard. Er ist sehr gut in der Schule, nur mit Englisch hat er Probleme. Er sagt,

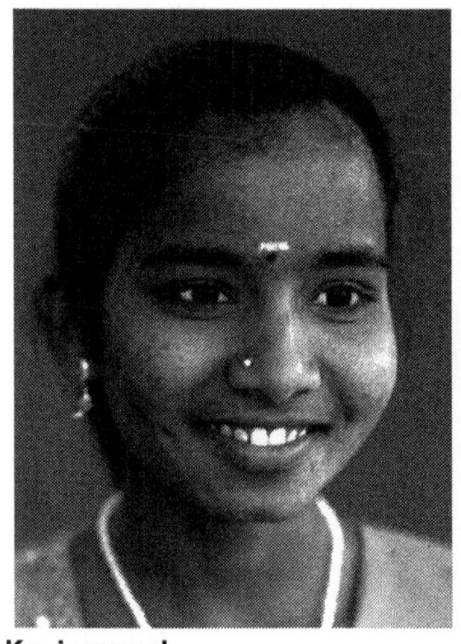

Kaniyammal

Renu

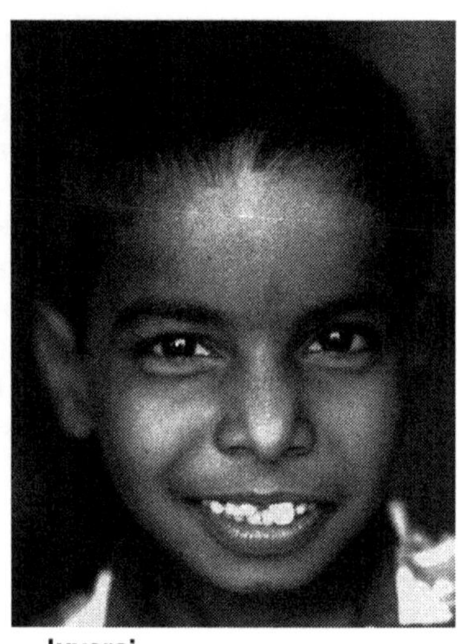

Juveraj

wenn das Englische nicht wäre, würde er einen der ersten Plätze in der Klasse haben. Er bekommt allerdings Nachhilfe. Sie werden beide nächstes Jahr in eine Stadtschule in Chingleput gehen – mit dem Fahrrad. 2000: 11 Jahre alt, 7. Standard. 2001: 8. Standard. Lernt sehr gut. MBC, Hindu.

Juveraj ist gut in der Schule und wird seine Ausbildung mit Erfolg fortsetzen können. 2000: 8 Jahre alt, 3.Standard Nemmeli School. 2001: 4. Standard. MBC , Hindu.

Jackeline Ranjitam ist die sehr begabte Tochter einer unserer Frauengruppenleiterinnen. Sie hat erheblich unter Hormonstörungen zu leiden. Jackeline hat den 12. Standard abgeschlossen. Im Augenblick absolviert sie ein zweijähriges Lehrerinnen-Training. Sobald sie ihre Ausbildung abgeschlossen hat, möchte sie gerne in unserer Schule, die bereits bis zum 4. Standard ausgebaut ist, unterrichten.

2000: 18 Jahre alt, 2. Jahr Lehrertraining. 2001: Sie will 2002 im März ihr Postgraduate Diplom in Computer Science (DCA) machen und soll anschließend die Computerausbildung unserer Kinder im Dorf leiten. MBC, Hindu.

Nirmala Priyakumari ist ein ausgesprochen intelligentes Mädchen, stammt aus einer sehr armen Familie in Kame- raj Nagar. Die Mutter

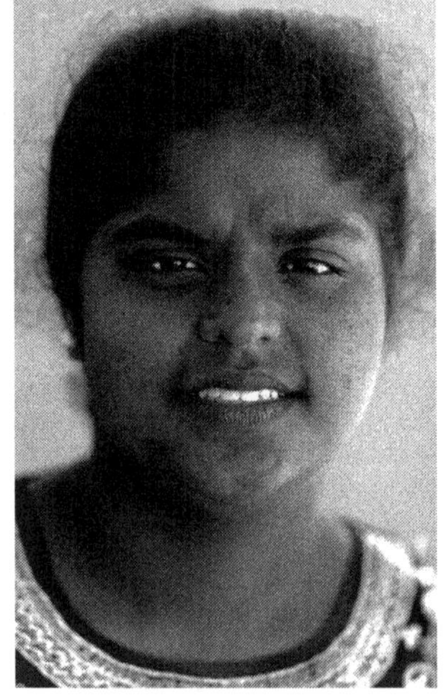

Jackeline Ranjitam

Nirmala Priyakumari

gehört ebenfalls zu unseren Frauengruppenleiterinnen. Wegen des Mangels an Mitteln konnte Nirmala ein Jahr lang ihre Ausbildung nicht fortsetzen. Sie benötigt Hilfe für eine weiterführende Ausbildung, will Chefsekretärin werden. Sie hat mit 17 Jahre die 12. Klasse abgeschlossen. 2000: 20 Jahre alt. 2. Stufe BAC College Madras (Bacelor of Science), 2001: 3. Stufe BAC, wird 2002 abgeschlossen. Anschließend will sie einen Kurs für Sekretärinnen belegen. MBC, Hindu.

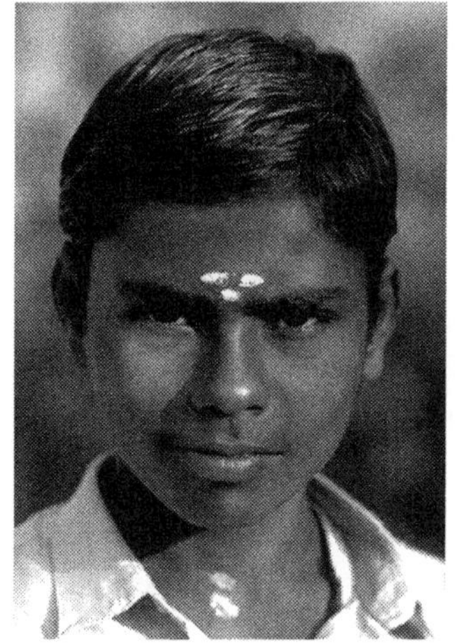

Saravanan

Balasubramani

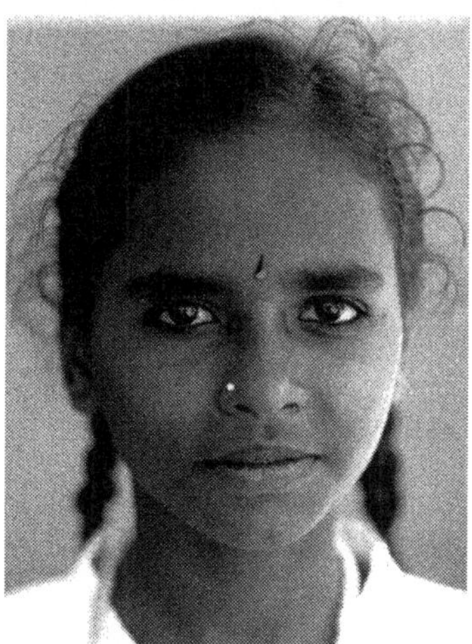

Gayathri

Saravanan, Balasubramani und **Gayathri Sankar** sind in K.K. Nagar, Chingleput, ansässig. Der Vater Shankar und die Mutter Rani sind sehr bedürftige Gelegenheitsarbeiter. Alle Kinder sind auf Grund ihrer Armut wenig widerstandsfähig und von labiler Gesundheit. Trotz der schwierigen familiären Probleme sind die Kinder sehr aufgeweckt und lernen gut. Das magere Familieneinkommen reicht jedoch ohne zusätzliche Hilfe nicht aus, die Ausbildung der Kinder zu finanzieren. Die Mutter engagiert sich als *woman leader* in einer Frauengruppe auch für andere Benachteiligte. Frau Rani ist es ganz besonders wichtig, dass gerade auch ihre Tochter ihre Ausbildung fortsetzen kann. Und dass ist ganz im Sinne von DEWI India und DEWI HH. Denn wir setzten uns dafür ein, dass nicht nur Einzelkinder, sondern gesamte Familien (je nachdem vollständig oder teilweise) gefördert werden. Deshalb soll die Ausbildung aller drei Kinder gewährleistet werden. (Würde nur ein Kind aus einer Familie gefördert, wäre das später verpflichtet seine gesamte Herkunftsfamilie zu unterstützten. Ein eigenes selbstständiges Leben bliebe ihm unter solchen Umständen versagt.)

Saravanan, Junge, hat Herzprobleme. Daher konnte er nicht regelmäßig zur Schule gehen. Er wird im staatlichen Krankenhaus behandelt und steht ständig unter Medikamenten. Saravanan zeichnet sich durch gute handwerkliche Fähigkeiten aus. 2000: 15 Jahre alt. 9. Standard, St. Joseph´s School. 2001: 10. Standard. MBC, Hindu.

Balasubramani, Junge. 2000: 14 Jahre, 9.Standard St. Joseph´s School. 2001: 10. Standard. Balasubramani erhält Nachhifeunterricht und kann daher das, was er infolge von Erkrankungen versäumt hat, nachholen. MBC, Hindu.

Gayathri, Mädchen. 2000: 10 Jahre alt, 6. St. Joseph´s Girl School. 2001: 7. Standard. Gute Schülerin. MBC, Hindu.

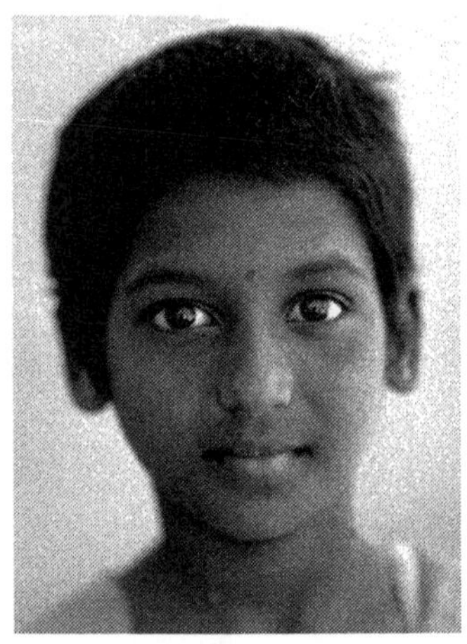

Parkawi

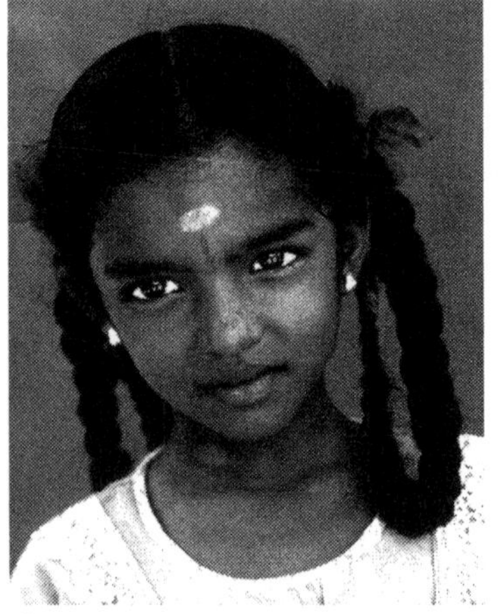

Aruna

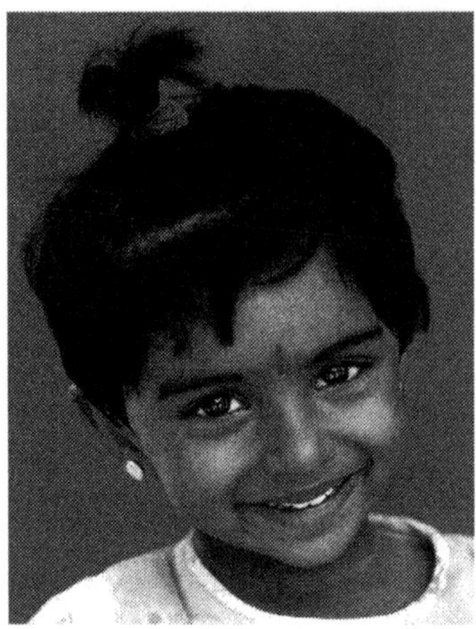

Revathi

Parkawi Subramani, Mädchen. Der Vater heißt Subramani, die Mutter Vijayalakshmi.
2001: Etwa 8 Jahre alt. 3. Standard. Hindu.

Aruna und **Revathi Vijayakumar,** beides Mädchen. Der Vater ist Vijayakumar,
die Mutter Subburath. **Aruna.** 2001: Etwa 6 Jahre alt, 2. Standard der Schule im
Kinderdorf. Hindu. **Revathi** ist ein sehr heiteres und kontaktfreudiges Kind.
2001: 4 Jahre alt. UKG Pre-School im Kinderdorf. Hindu.

Gayathri Venkatesan, Mädchen. Der Vater Venkatesan und die Mutter Vijayalakshmi
sind arme Wäscher und wohnen in den Slums von Chingleput.
2001: 2.Standard Ramakrishna School. Dobi Wäscherkaste, Hindu.

Mohana Kaliyaperumah, Mädchen.   Der Vater Kaliyaperumah ist ohne Arbeit.
Verudhamal, die Mutter, schlägt sich und ihre Familie mit Milchverkauf durch. Hindu.

Uma Pondurayam, Mädchen.   Der Vater Pondurayam und die Mutter Gowri sind
Bauarbeiter. 2001: Etwa 11 Jahre alt, 5. Standard Alison Cassie School. Hindu.

Gayatri

Mohana

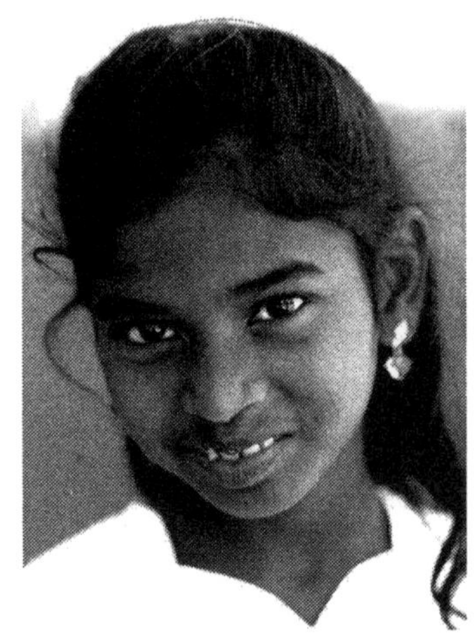

Uma

Adivasi Kinder vom Stamm der Irular aus K. (Ureinwohner)

Sivagami Lakshmanan gehört zu den Irular. Die Irular sind ein besonders benachteiligter Stamm. Ihre Wälder, in denen sie als Jäger und Sammler lebten, sind weitgehend abgeholzt und deren Restbestände seit 1976 für sie unzugänglich. Irgendeine Ausbildung erhielten sie bis unlängst überhaupt nicht. Sie schlagen sich als sogenannte Kulis, unterbezahlte Arbeiter im Haushalt, mehr schlecht als recht durch. Ihre Ernährung ist unausgewogen und nicht ausreichend.

Das Mädchen, einziges Kind eines Paares, hat sich erst nach 16 Ehejahren eingestellt. Die Eltern waren immer sehr darauf bedacht, ihr eine weiterführende Ausbildung zukommen zu lassen. Da ihnen die Mittel dazu fehlten, unterstützt DEWI SARASWATI das Kind seit 1994. Es ist das erste Kind aus dem Dorf, das zur Schule geht. Mit ihr ist ein Durchbruch erreicht.

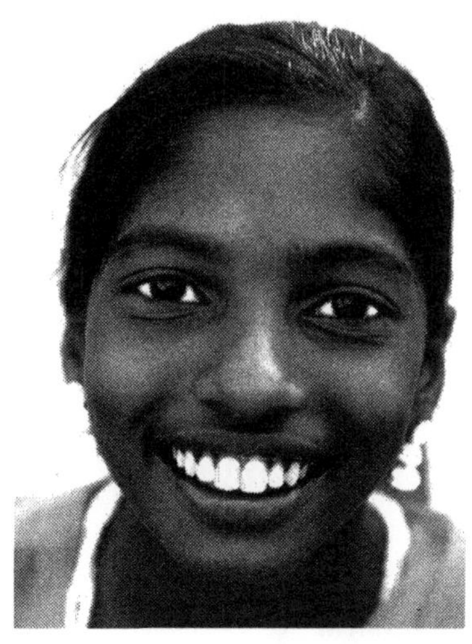

Sivagami L.

Sie machte sich auch von Anfang an wirklich sehr gut. Ursprünglich nahm sie jeden Tag einen Fußmarsch von etwa 5 km - erst hin und dann zurück - in Kauf. Sivagami ist sehr glücklich und stolz darauf zur Schule gehen zu können. Sie hat dann sehr schnell andere Kinder bewegt und motiviert, ebenfalls zur Schule zu gehen. Mittlerweile ist das Dorf sehr daran interessiert, alle Kinder zur Schule zu schicken. Wenn sie ihren Abschluss hat, will sie für Ihr *tribal village* arbeiten. Sivagami ist die Anführerin des Trupps der jüngeren Irular Kinder, die zur Schule gehen. Wenn irgend einer der Lehrer Probleme mit einem der Irular Kinder hat, wendet er sich an Sivagami, die dann vermittelt. Sie studiert durchgehend sehr gut, ist fähig Englisch zu lesen und zu schreiben. Leider wird sie häufig krank. Auch ihre Mutter ist eine kränkelnde Frau. Das liegt auch daran, dass die Umgebung im Dorf wenig hygienisch und ungesund ist. (Wir sind dabei, gerade dagegen einiges zu tun.) Die Eltern sind nach wie vor sehr interessiert an Sivagamis Ausbildung. Es wäre besser – auch von der Ernährung her – das Mädchen käme ins Kinderdorf. Aber da sie das einzige Kind ist, wollen sie natürlich die Eltern um sich haben. 2000: 13 Jahre alt, 8. Standard Allison Cassie School. 2001: 9. Standard.

Vertritt sehr eloquent die Interessen aller Irularkinder. Sie ist auch daran interessiert später als Anwältin ausgebildet zu werden. Irular Adivasi (ST), Ethnoreligion.

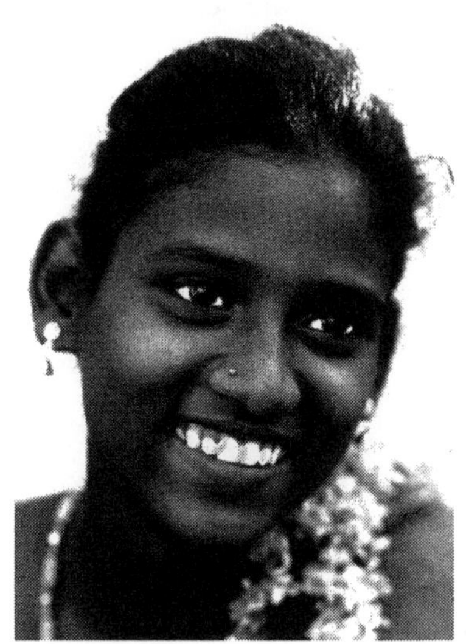

Karpagavalli P.

Karpagavalli P., Mädchen. Wirkt groß für ihr (vermutetes) Alter. Die Eltern wollten, ursprünglich, dass sie zu Hause auf den Nachwuchs aufpasst und die Schule abbricht. DEWI India konnte sie aber überzeugen, das Kind seine Ausbildung fortsetzen zu lassen. 2000: 5. Standard Allison Cassie School. 2001: 6. Standard. Lernt sehr gut. Irular Adivasi (ST), Ethnoreligion.

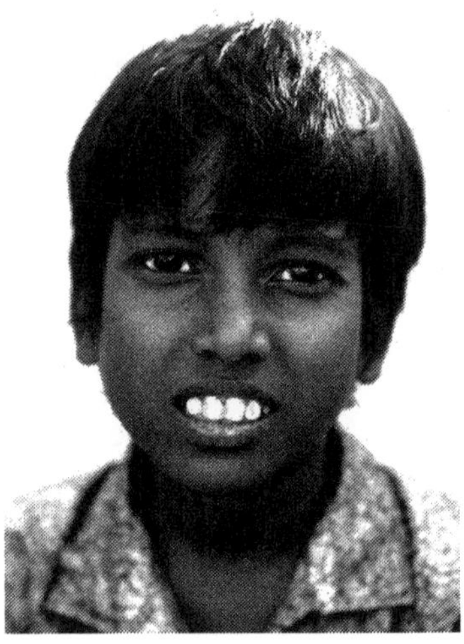

Srinivasan M.   **Kalpana K.**   **Raja Velu V.**

Srinivasan M., Junge. Der Vater ist Gelegenheitsarbeiter, die Mutter Hausgehilfin. 2000:
4. Standard Allison Cassie School. 2001: 5. Standard. Irular Adivasi (ST), Ethnoreligion,
Kalpana K. Das freundliche Mädchen ist die Kusine von Ganesh (unten Mitte).
2000: 4. Standard Allison Cassie School. 2001: 5. Standard.   Irular Adivasi (ST),
Ethnoreligion.
Raja Velu (Rajavel V.), Junge, 1999 7 Jahre alt. Raja Velu hatte schon immer den
Wunsch die Schule zu besuchen und seine Eltern wollten das auch. Doch die Armut der
Eltern hat das zunächst verhindert. Raja Velu hat sich inzwischen als ausgesprochen
guter Schüler erwiesen. 2000: 2. Standard Allison Cassie School. 2001: 3. Standard.
Der Vater arbeitet gelegentlich als Röster von Kichererbsen und ähnlichem. Irular
Adivasi (ST), Ethnoreligion.

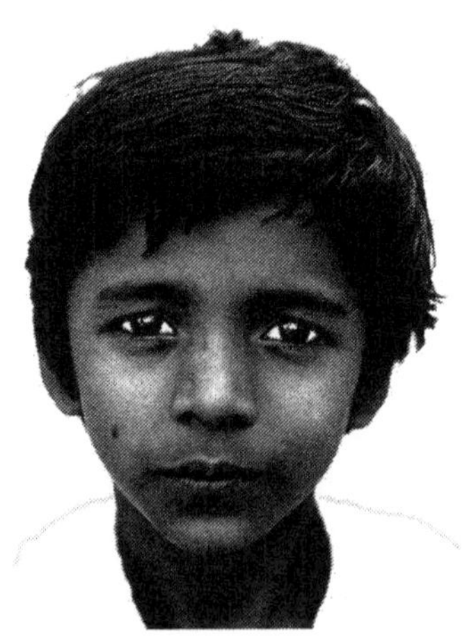

Andal D.   **Ganesh D.**   **Valli D.**

Andal D., Mädchen. 1999: 6 Jahre alt. Der Vater arbeitet mit bei der Herstellung von Eisengittern. Die Eltern sind am Schulbesuch sehr interessiert. Sie lernt sehr gut.
2000: 7 Jahre alt, 2. Standard Allison Cassie School. 2001: 3. Standard. Irular Adivasi (ST), Ethnoreligion.

Ganesh(an) und **Valli D.**. Der Vater ist alkoholabhängig, die Mutter arbeitet in einem Haushalt als Kuli. Sie haben kein richtiges Haus im Dorf. **Ganesh,** der Junge, ist sehr klug und nett. Er plaudert gerne über seine Schule und ist richtig glücklich zusammen mit seiner Schwester Valli zur Schule gehen zu können. (Ganesh macht einen sehr ausgeglichenen und glücklichen Eindruck. Ausgesprochen nettes Kind.)
2000: 8 Jahre alt, 5.Standard. St. Joseph´s School. 2001: 6. Standard. Der Vater verstarb inzwischen. Die Mutter arbeitet als Hausgehilfin in Chingleput. Sehr besonnener Junge. Irular Tribe (ST), Ethnoreligion.

Valli D., Mädchen. Die Schwester von Ganesh und Kusine von Karthic soll eine gute Ausbildung erhalten. Sie ist sehr aktiv, liebt es zu tanzen und Tamil *cinema songs* zu singen. Valli ist sozusagen der Entertainer im Adivasi-Dorf K. Und wenn sie in unser Kinderdorf kommt, will sie immer etwas vorsingen oder auch schauspielern. Sie dichtet sehr gute Reime in Tamil. Die meisten Kinder aus dem Stammesdorf gehen als Gruppe zur Allison Cassie Schule. 2000: 7 Jahre alt, 3. Standard Allison Cassie School. 2001: 4. Standard. Tanzt sehr gut bei allen Veranstaltungen. Irular Adivasi (ST), Ethnoreligion.

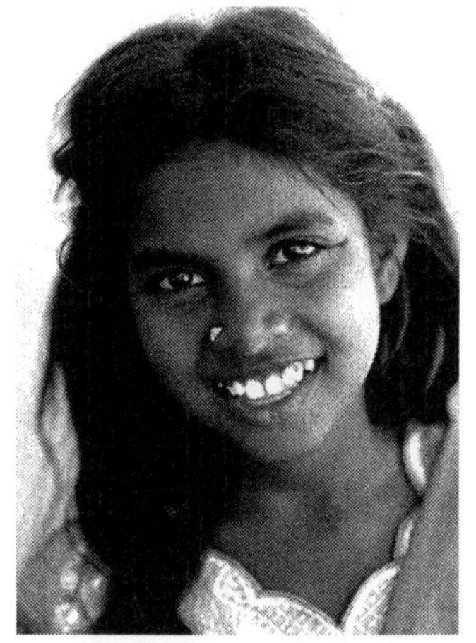
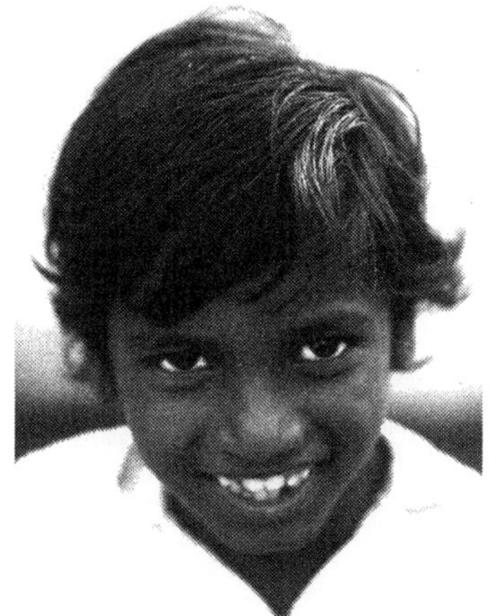
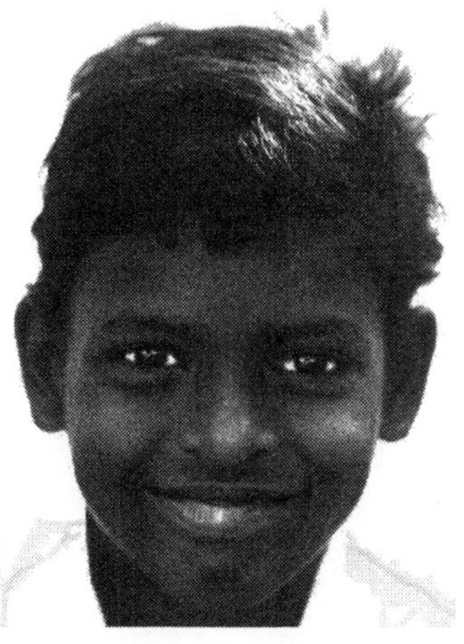

Alamelu S. Vejivelu S. Subramani M.

Alamelu S., Mädchen, Srinivasans Kusine. Das Kind ist begierig zu lernen. Die Eltern sind mit Armut geschlagen. Alamelu geht unter Führung von Sivagami zur Schule und wird von DEWI SARASWATI seit 1999 unterstützt. Gute Schülerin. 2000: 8 Jahre alt, 4. Standard. 2001: 5. Standard. Alamelu lebte einige Zeit, in der ihre Eltern abwesend waren, bei ihrer Tante. Irular Adivasi (ST), Ethnoreligion.

Vejivelu (Vetrivel S.), Junge. 2000: 1. Standard Allison Cassie School. 2001: 2. Standard. Er bekam eine kleine Schwester. Die Mutter ist zu Hause. Der Vater hat eine körperlich harte Arbeit in Chingleput. Irular Adivasi (ST), Ethnoreligion.

Subramani M. Seine Mutter arbeitet im Haushalt in Chingleput, der Vater ist Lohnarbeiter.
2000: 1. Standard Allison Cassie School. 2001: 2. Standard. Irular Adivasi (ST), Ethnoreligion.

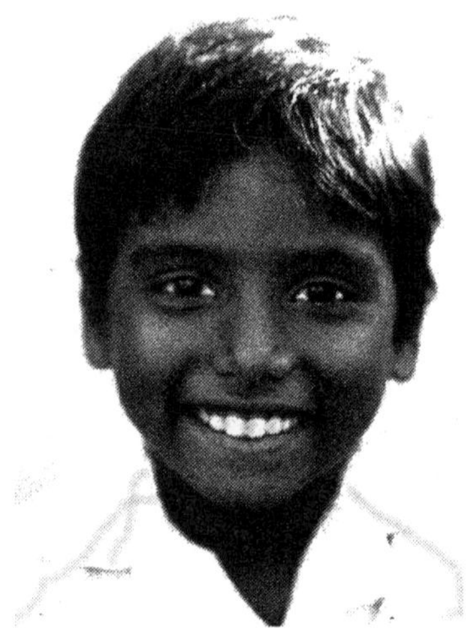 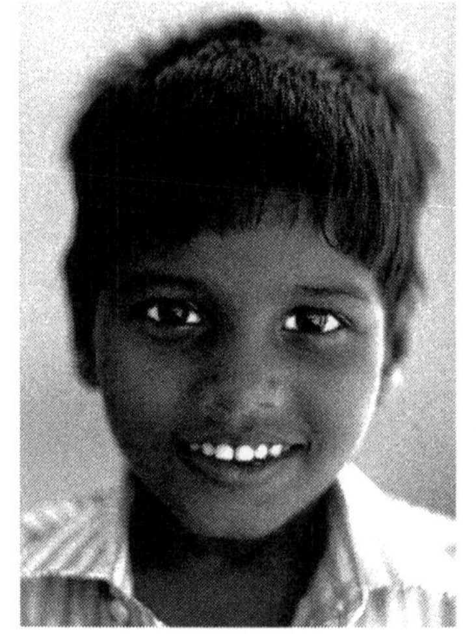 

Prakash S.   **Venkatesh P.**   **Vinoth K.**

Prakash S., Junge. Die Mutter ist Hausgehilfin. 2000: 2. Standard Allison Cassie School. 2001: 3. Standard. Irular Adivasi (ST), Ethnoreligion.

Venkatesh P., Junge, Vetter von Prakash. Die Mutter arbeitet als Hausmagd, der Vater gelegentlich sehr hart als *pantel worker* (Bau von Bühnen und Baldachinen für Feste). 2000: 2. Standard Allison Cassie School. 2001: 3. Standard. Irular Adivasi (ST), Ethnoreligion.

Vinoth K. Der Junge ist der Vetter von Sudha. Die Mutter arbeitet im Haus. 2000: 3. Standard Allison Cassie School. 2001: 4. Standard. Sehr netter und fleißiger Junge. Irular Adivasi (ST), Ethnoreligion.

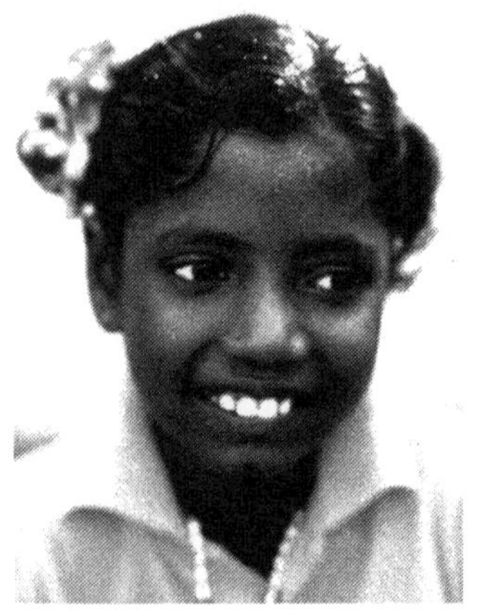 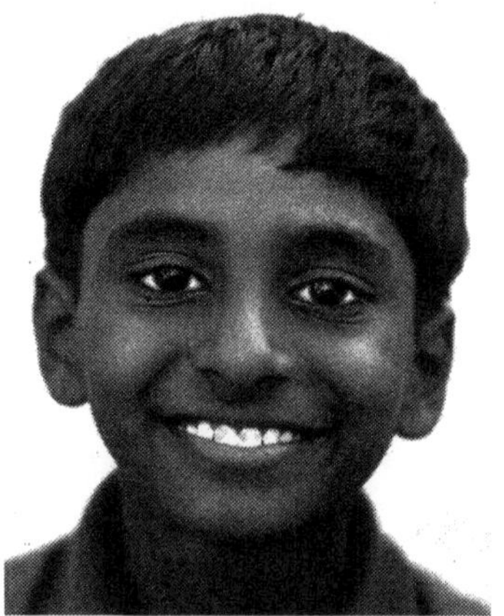 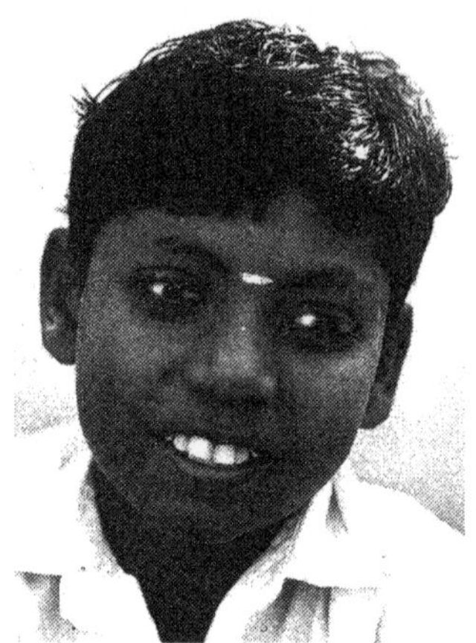

Sudha D.   **Arul A.**   **Velayudam D.**

Sudha D., Mädchen. 2000: 1. Standard Allison Cassie School. Die Mutter arbeitet im Haushalt in Chingleput, der Vater ist Lohnarbeiter und hilft Bühnen und Baldachine für Feste zu errichten. 2001: 2. Standard. Irular Adivasi (ST), Ethnoreligion.

Arul (Arun) A., Junge, vaterlos, sehr arme Familie. Aruls Ernährung ist unzureichend.

Arul ist dringend auf Hilfe angewiesen. Er geht in eine gute Schule, die auch von Ranjit Kumar besucht wird. Arul erbringt sehr gute Leistungen in der Schule.

2000: 10 Jahre alt, 5. Standard St. Joseph´s Primary School. 2001: 6. Standard. Sehr gut in der Schule. Irular Adivasi (ST), Ethnoreligion.

Velayudam D., Junge, 2000: 1. Standard Allison Cassie School. 2001: 2. Standard. Der Vater schlägt sich mit Holzsammeln durch. Irular Adivasi (ST), Ethnoreligion.

Karthic und Karthiga M.

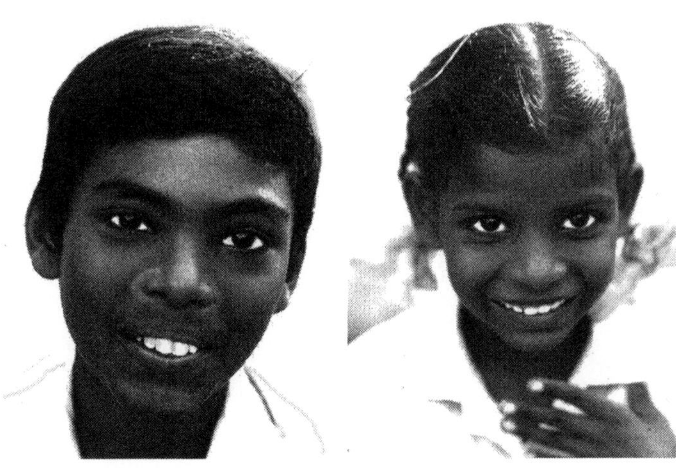

Karthic M.

Karthiga M.

Der Vater Mohan und die Mutter sind verstorben. Die Waisenkinder werden betreut von ihrer alten Großmutter. Es ist abzusehen, dass wir beide bald ins Kinderdorf aufnehmen werden. **Karthic**, Junge. Er war sehr krank und hat viel versäumt in der Schule, macht sich aber dennoch jetzt recht gut. Die *tribal children* sind überhaupt sehr gut in der Schule. Einige Zeit war er schwach in Mathematik und bekam Nachhilfe. Karthics Bruder Ramesh hilft in einem Laden aus. 2000: 10 Jahre alt, 4. Standard Allison Cassie School. 2001: 5. Standard. Ausgesprochen gut in der Schule. Er will die Beamtenlaufbahn einschlagen und Distrikthauptmann der Polizei werden. Irular Tribe (ST), Ethnoreligion.

Karthiga M., ein kluges und liebes Mädchen, die jüngere Schwester von Karthic Mohan.

2000: 1. Standard Allison Cassie School.

2001: 2. Standard. Irular Adivasi (ST), Ethnoreligion.

Bakya Lakshmi P., Mädchen, 2000: 1. Standard Allison Cassie School. Mutter arbeitet im Haushalt, der Vater hat keine regelmäßige Arbeit. 2001: 2. Standard. Irular Adivasi (ST), Ethnoreligion.

< Bakya Lakshmi P.

Die meisten Familien in unserem Dorf. K. leben auf durch Urkunden gesichertem Pata Land. Ihre verfallenen Häuser werden mit Hilfe von DEWI SARASWATI repariert. Ein Teil der Familien siedelte - von den Behörden lange geduldet - auf staatlichen Land. Diese Leute wurden Ende 2001 nach Chetipuniyam umgesiedelt. Das unwirtliche Gelände ist 6 km von den Schulen in Chingleput entfernt, die überdies nur über eine gefährliche Hauptstraße zu erreichen sind. Wir haben dafür gesorgt, dass die Kinder mit dem Bus fahren können und dass drei Schulabbrecher wieder ihre Schulbesuche aufnehmen. Damit die Leute in einem lebenswerten Umfeld mit unkomplizierten Zugang zu Ausbildungs- und Arbeitsstätten wohnen können, und damit auch ihre Dorfgemeinschaft erhalten wird, wäre es sinnvoll die Vertriebenen zurückzusiedeln. Wir haben aber bisher noch keine Möglichkeit gefunden dies aufwendige Vorhaben in die Tat umzusetzen.

Rajeshwari V., Mädchen.   Rajeshwari ist ein sehr liebes Kind.   2000: 1. Standard Allison Cassie School. 2001: 2. Standard. Irular Adivasi (ST), Ethnoreligion.

Rajeshwari S., Mädchen. Die Mutter arbeitet als Hauskuli und als Feldarbeiterin. 2000: 1. Standard Allison Cassie School. 2001: 2. Standard. Irular Adivasi (ST), Ethnoreligion.

Rajeshwari V.

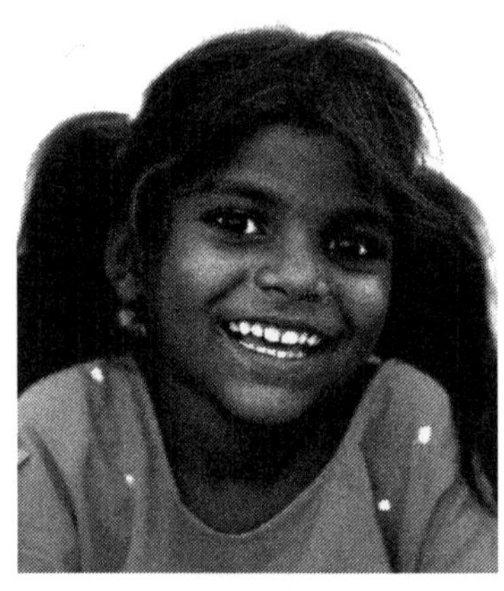

Rajeshwari S.

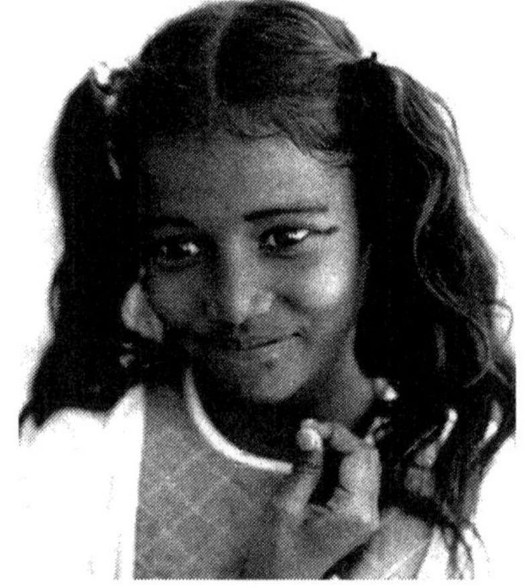

Valli (II)

Valli (II), Mädchen. Die Mutter ist Hausgehilfin, der Vater arbeitet in einem Betrieb für Eisengitter. 2001: 3. Standard, Allison Cassie School. Irular Adivasi (ST), Ethnoreligion.

Revathi

Sudha

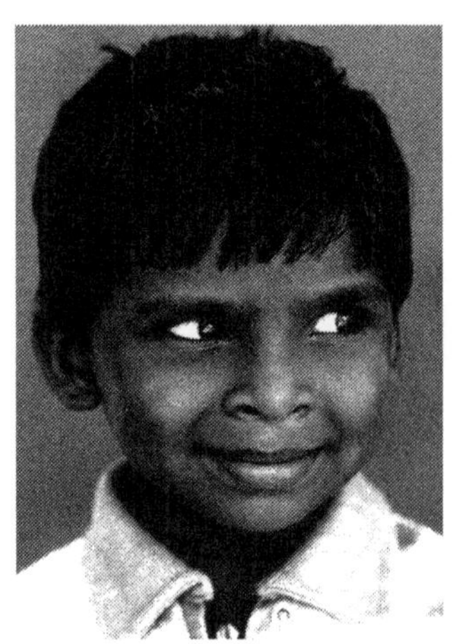

Anand Kumar K.

Revathi, ein ausgesprochen intelligentes und sehr aktives Mädchen, ist eine sehr gute Tänzerin. Wir hoffen sehr, dass sie studieren wird.
2001: 8. Standard, Allison Cassie School. Irular Adivasi (ST), Ethnoreligion.

Sudha, Mädchen. 2001: 7. Standard, Allison Cassie School. Irular Adivasi (ST), Ethnoreligion.
Anand Kumar K., ein sehr aufgeweckter Junge. 2001: 1. Standard Allison Cassie School. Irular Adivasi (ST), Ethnoreligion.

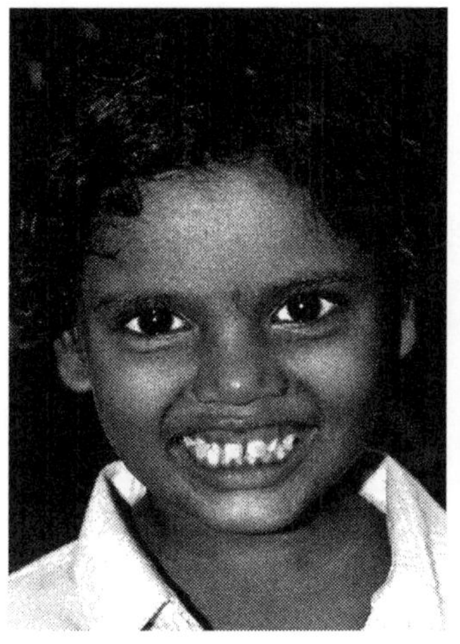

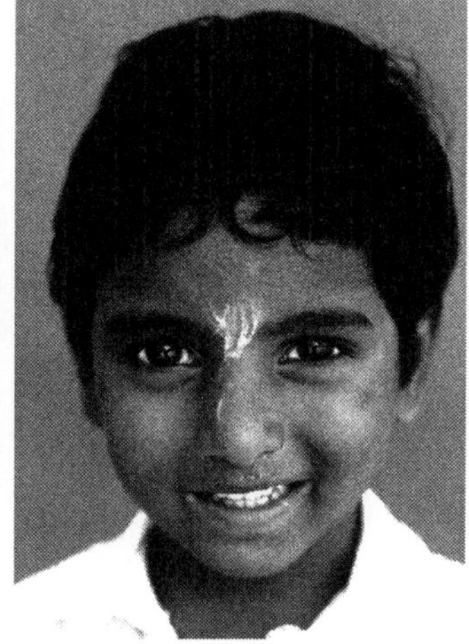

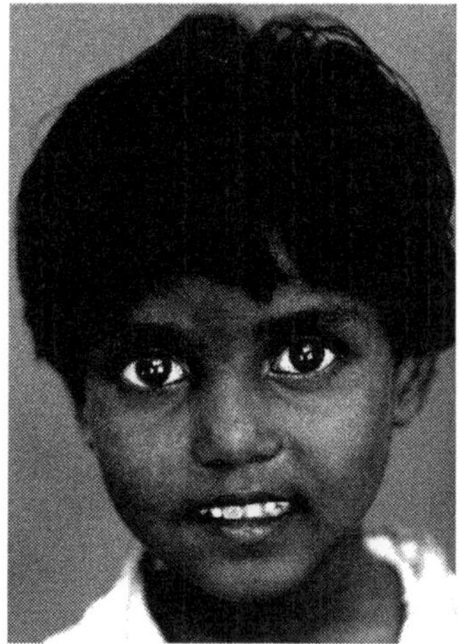

Vijai M.   **Vijaya S.**   **Selvam Kumar M.**

Vijai M., Junge. 2001: 1. Standard Allison Cassie School. Irular Adivasi (ST), Ethnoreligion.
Vijaya (Vijai) S., Junge, sehr nett. 2001: 1. Standard Allison Cassie School. Irular Adivasi (ST), Ethnoreligion.
Selvam Kumar M., ein sehr verständiger Junge (doch eigentlich sind alle Kinder sehr nett!). 2001: 1. Standard Allison Cassie School. Irular Adivasi (ST), Ethnoreligion

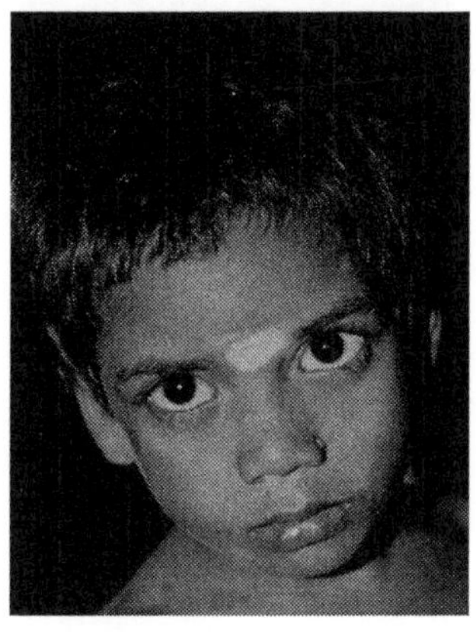

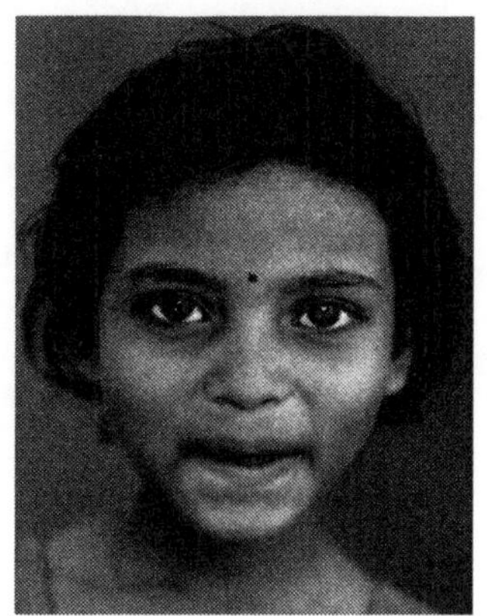

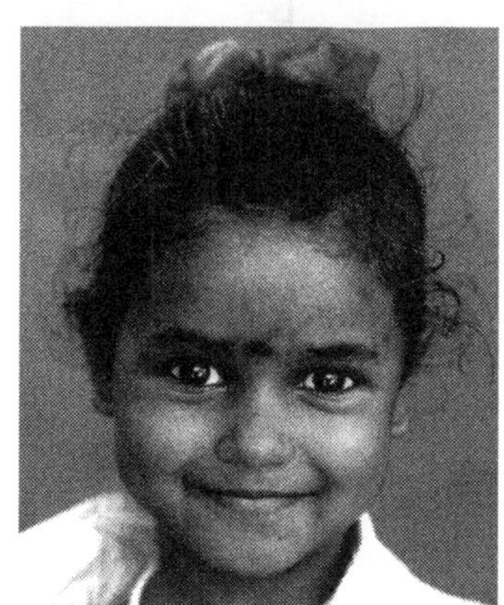

Rajendran D.   **Gayathri**   **Renuka**

Rajendran D., Junge. 2001: 1. Standard Allison Cassie School. Irular Adivasi (ST), Ethnoreligion.

Gayathri, Mädchen. 2001: 2. Standard Allison Cassie School. Irular Adivasi (ST),
Ethnoreligion.
Renuka, Mädchen. Die Mutter arbeitet als Dienstmagd in Chingleput, der Vater
sammelt Holz und hilft, wenn möglich, in der Landwirtschaft. 2001: 3. Standard, Allison
Cassie School. Irular Adivasi (ST), Ethnoreligion.

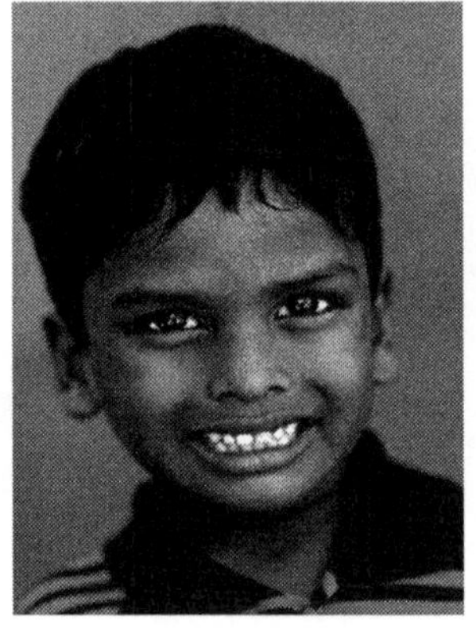

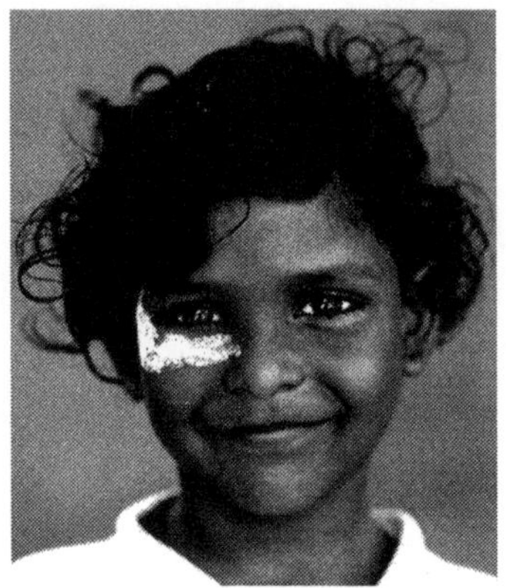

Renuka R.   Arun A.   Kanaan M.

Renuka R., Mädchen - ein ganz aufgewecktes Kind. 2001: 1. Standard Allison Cassie
School. Irular Adivasi (ST), Ethnoreligion.
Arun A. 2001: 1. Standard Allison Cassie School. Irular Adivasi (ST), Ethnoreligion.
Kannan M., Mädchen. Kanaan ist nett und verschmitzt. 2001: 1. Standard Allison
Cassie School. Irular Adivasi (ST), Ethnoreligion.

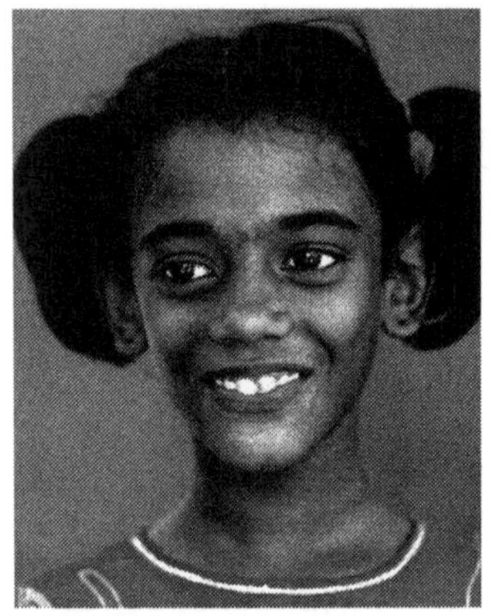

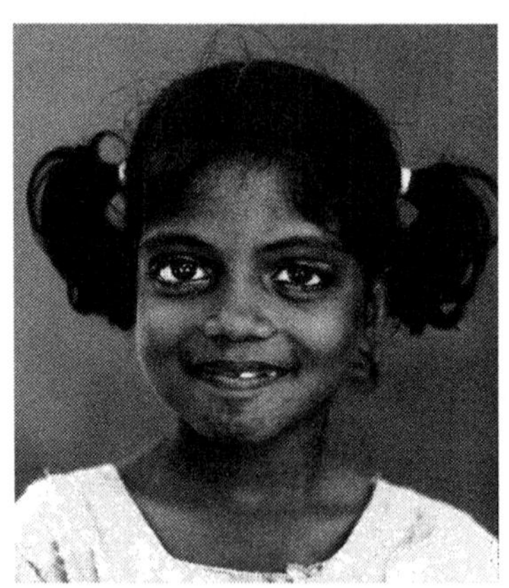

Vijaya Lakshmi K.   Sathia K.   Kumaran G.

Vijaya Lakshmi K., Mädchen. Freundliches Kind. 2001: 2. Standard Allison Cassie
School. Irular Adivasi (ST), Ethnoreligion.
Sathia K., Mädchen. Sathia ist sehr rege und aufgeweckt. 2001: 2. Standard Allison
Cassie School. Irular Adivasi (ST), Ethnoreligion.

Kumaran G., Mädchen. Sehr zierliches und liebes Kind. 2001: 1. Standard Allison Cassie School. Irular Adivasi (ST), Ethnoreligion.

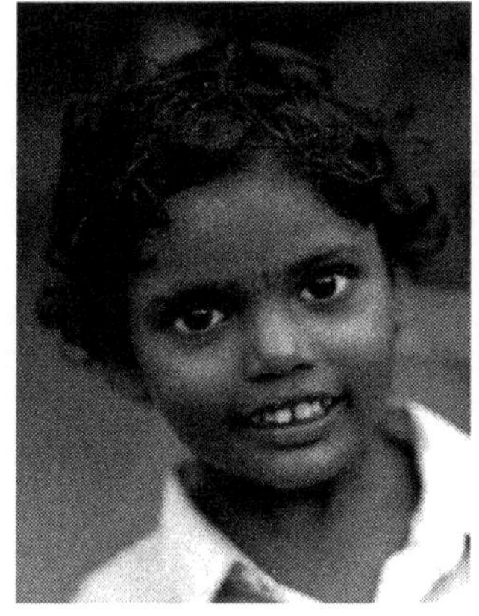
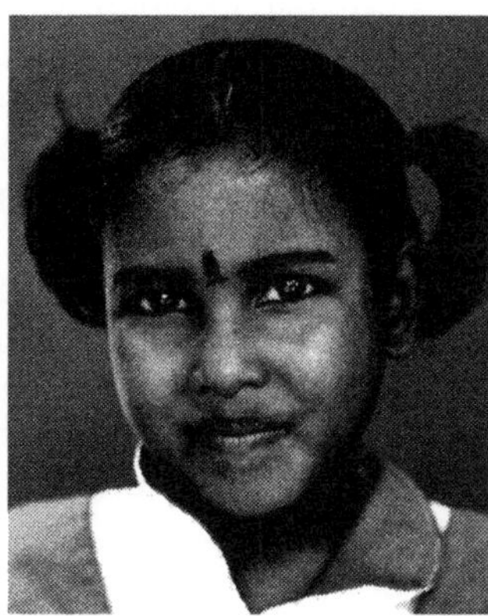

Amulu S.   **Amudha K.**   **Anita**

Amulu S., sehr ausdrucksstarkes und heiteres Mädchen.
2001: 1. Standard Allison Cassie School. Irular Adivasi (ST), Ethnoreligion.
Amudha K., Mädchen.   2001: 1. Standard Allison Cassie School. Irular Adivasi (ST), Ethnoreligion.
Anita, Mädchen.   2001: Allison Cassie School. Irular Adivasi (ST), Ethnoreligion.

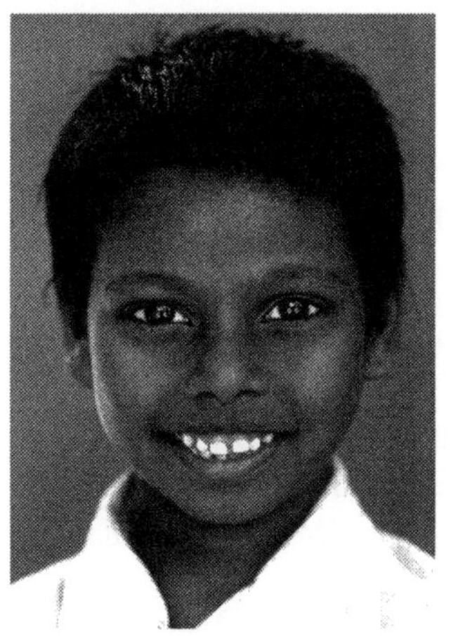
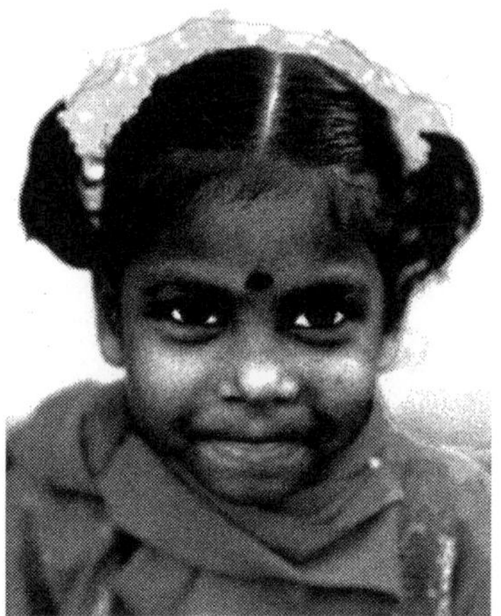

Babu   **Kumutha**

Babu, Junge. 2001: 1. Standard Allison Cassie School. Irular Adivasi (ST), Ethnoreligion.
Kumutha, Mädchen. Ihre Mutter arbeitete als Hausgehilfin.
2001: 2.Standard, Allison Cassie School. Irular Adivasi (ST), Ethnoreligion.

Adivasi Irular- und Dalit-Kinder aus M.

Die Eltern schlagen sich mit schmutziger kaum bezahlter Hausarbeit (Kuli-Arbeit) durch. Die Irular-Familien leben in winzigen Hütten in einem eigenen Ortsteil auf abschüssigem Gelände an der Flanke eines Hügels. Fast alle, einschließlich Frauen und ältere Kinder, fronen in Schuldknechtschaft (*bounded labour*) in Steinbrüchen. Einige üben daneben Jagd auf Kleinwild aus. DEWI India beschäftigt eine Vorschullehrkraft und weitere Hilfskräfte. Die Kinder bekommen Essen, Kleidung und Anregungen für den Unterricht. Gegenwärtig wird eine Vorschule ausgebaut. Nur so ist zu erreichen, dass die Kinder eine erfolgreiche schulische Karriere einschlagen. Hier ist noch einiges zu tun. Wir machen uns keine Illusionen darüber, dass es nicht leicht sein wird, ineinandergreifende Maßnahmen durchzuführen, die den Menschen helfen, sich aus Ihrem Elend zu befreien und den Kindern eine echte Chance geben. Und dennoch: Lasst es uns anpacken!

Guna V., Irular Mädchen. 2000: 3 Jahre alt, Pre-school in M. Irular Adivasi (ST), Ethnoreligion.

Renuka G., Irular Mädchen. 2000: 4 Jahre alt, Pre-school in M. Irular Adivasi (ST), Ethnoreligion.

Sangeetha G., Irular Mädchen. 2000: 3 Jahre alt, Pre-School in M. Irular Adivasi (ST), Ethnoreligion.

Ramesh und **Gopal M.**, Irular Jungen. Der Vater Mari arbeitet als Kuli. Die Mutter Malliga muss für 5 Kinder sorgen. **Ramesh** 2000: 3 Jahre alt, Pre-School in M. Irular Adivasi (ST), Ethnoreligion. **Gopal** 2000: 1 1/2 Jahre alt, Pre-School in M. Irular Adivasi (ST), Ethnoreligion.

Parvathy M., Irular Mädchen. Vater Munuswamy, Mutter Kaniyammal. 2000: 2 Jahre alt, Pre-School in M. Irular Adivasi (ST), Ethnoreligion.

Ellamal A., Irular Mädchen. Der Vater Alagesan verrichtet Kuliarbeit und arbeitet im Steinbruch. Jeya, die Mutter, hat keine Arbeit. 2000: 1 Jahr alt, Pre-School in M. Irular Adivasi (ST), Ethnoreligion.

Raja S., Irular Junge. Der Vater Sankar arbeitet als Kuli und bricht Steine. Die Mutter Koteesvari ist ohne Arbeit. 2000: 2 Jahre alt, Pre-School in M. Irular Adivasi (ST), Ethnoreligion.

Amuloo (Amool) K., Irular Mädchen. Der Vater Krishnan arbeitet als Kuli und jagt Kleintiere. Die Mutter Lakshmi ist ohne Einkommen. 2000: 4 Jahre alt, Pre-School in M. Irular Adivasi (ST), Ethnoreligion.

Sathya M., Mädchen. 2000: 2 Jahre alt, Pre-School in M. Dalit (*outcast* SC), Hindu.

Parvathy M., Mädchen. 2000: 3 Jahre alt, Pre-School in M. Dalit (*outcast* SC), Hindu.

Selvamani L, Mädchen. 2000: 2 Jahre alt, Pre-School in M. Dalit (*outcast* SC), Hindu.

Senthamizhselvi B., Mädchen. 2000: 4 Jahre alt, Pre-School in M. Dalit (*outcast* SC), Hindu.

Maniyammal S., Mädchen. 2000: 2 Jahre alt, Pre-School in M. Dalit (*outcast* SC), Hindu.

Kanmani A., Mädchen. 2000: 2 -3 Jahre alt, Pre-School in M. Dalit (*outcast* SC), Hindu.

Navaneetham B., Mädchen. 2000: 2 Jahre alt, Pre-School in M. Dalit (*outcast* SC), Hindu.

Lavanya N., Mädchen. 2000: 3 Jahre alt, Pre-School in M. Dalit (*outcast* SC), Hindu.
Agasthiya M., Junge. 2000: 2 Jahre alt, Pre-School in M. Dalit (*outcast* SC), Hindu.
Buela D., Mädchen. 2000: 2 Jahre alt, Pre-School in M. Dalit (*outcast* SC), Hindu.
Divithra R., Mädchen. 2000: 3 Jahre alt, Pre-School in M. Dalit (*outcast* SC), Hindu.
Thomas P., Junge. 2000: 2 -3 Jahre alt, Pre-School. Dalit (*outcast* SC), Christlich.
Subiya A., Mädchen. 2000: 4 Jahre alt, Pre-School in M. Dalit (*outcast* SC), Hindu.
Udaya A., Mädchen. 2000: 2 Jahre alt, Pre-School in M. Dalit (*outcast* SC), Hindu.
Abirami Ma., Mädchen. 2000: 4 Jahre alt, Pre-School in M. Dalit (*outcast* SC), Hindu.
Rajesh M., Junge. 2000: 2 1/2 Jahre alt, Pre-School in M. Dalit (*outcast* SC), Hindu.
Radhika, Mädchen. 2000: 4 Jahre alt, Pre-School in M. Dalit (*outcast* SC), Hindu.
Sandhiya M., Mädchen. Vaterlos. 2000: 2 1/2 Jahre alt, Pre-School in M. Dalit (*outcast* SC), Hindu.

Adivasi vom Stamm der Irular aus K. DEWI SARASWATI sorgt dafür, dass die Kinder zur Schule gehen können.
Trainingsprogramme für die berufliche Ausbildung bewirken, dass auch die Erwachsenen bessere Chancen bekommen, ausreichend einträgliche Berufe zu ergreifen.

Patenkinder in Bali (Indonesien)

Ni Made Setiari, Mädchen, Denpasar, SPP 5.11.79.

D. Made Puja, Junge, Desa Temukus, 5.9.78.

D. Putu Sri Wahyuni, Mädchen, Desa Temukus, 2.4.86. Die Eltern sind Landarbeiter.

Sri Wahyuni Pratiwi, Mädchen, Denpasar, 17.3.78. SMEA Pembangunan

Desi Ariany, Legian. Drei Geschwister. Mutter D. Made Metri, Vater D. Nyoman Sriasa, Denpasar, Bali. Die Eltern leben davon Flechtwerk herzustellen.

D. Putu Eka Jayantara, Junge, geb. 1.10.84, Ab 1999: Klasse I Sekolah Menengah Pertama, Hobby: Malen.

D. Made Budiasih, Mädchen, 26.12.87. 1999: Klasse 5 Sekolah Dasar, Hobby: Englisch.

D. Nyoman Widiadnyani, Mädchen, 6.5.90. 1999: 3. Klasse Sekolah Dasar, Hobby: Tanz.

Neu ab 2001:

Agung Gede, Junge, und **Agung Gek**, Mädchen. Die Familie lebt in Jukut Paku unweit Singakerta. Der Vater ist Agung Arsa. Die Familie ist verarmt und leidet unter Hunger. Der Junge hatte vor kurzem eine TBC knapp überstanden. Beide Kinder besuchten die Grundschule. Nur mit Unterstützung von DEWI SARASWATI können sie ab 2001 die höhere Schule besuchen. Agung Gek ist nicht so besonders gut

Agung Gek und Agung Gede

in der Schule. Wir wollen jedoch entsprechend der Tendenz von DEWI SARASWATI Mädchen besonders zu fördern, ihr eine gute Ausbildung auf den Lebensweg mitgeben.

Kinder aus Bali, die ihre Ausbildung abgeschlossen haben

Wahyu Setiawan, Denpasar, Bali, ist ein mathematisch hochbegabter Junge. Beide Eltern sind blind und mittellos. Sie fristen ihr Leben als Masseure. Er hat mit unserer Hilfe ab 1993 (damals war er 15) für 3 Jahre im Anschluß an den Besuch der Grundschule die STM (Sekolah Technologi Menengah) besucht. *1995/96:* Wahyu Setiawan hat auf Grund unserer Hilfe so gute Ergebnisse in der Schule erzielt, dass er ab 1995 von einer indonesischen Organisation, die begabte Kinder blinder Eltern fördert, unterstützt wird.

Ni Komang Susilawati, Mädchen, geb. 23.9.1979 in Penarukan, Bali, ist Vollweise, beide Eltern sind verstorben. Sie erhielt bereits seit August 1995 eine Ausbildung als Krankenpflegerin und war in einem speziellen schuleigenen Heim. Die Ausbildung erstreckte sich über drei Jahre und wurde im Sommer 1998 abgeschlossen.

Bahadur Ismail, Junge, Denpasar, Bali, wurde die Fortsetzung seiner höheren Schulausbildung - SMP Nasional (Mittelschule) Klasse 2 - ermöglicht. Abschluß 1998.

Mely Noor Rohmah, Mädchen, Denpasar, 1.2.83. Unterstützt wurde sie seit 1997. 1999 hat sie ihre Ausbildung abgeschlossen.

Neues aus dem Verein **DEWI SARASWATI** Hamburg e.V.

Ihr Name ist unser Programm: DEWI SARASWATI

"Sehr geehrter Herr Saraswati"! Briefe und eMails mit dieser Anrede erhalten wir gar nicht so selten. Zugegeben - es ist schon verständlich, dass es ab und zu Missverständnisse mit unserem recht exotisch anmutenden Namen gibt.

Uns kam es aber in erster Linie darauf an, dass unser Name in den Ländern, in denen wir tätig sind – in Indien und in Bali – richtig gedeutet und verstanden wird.

DEWI SARASWATI ist die Göttin, die den Menschen Sprache und Schrift geschenkt hat. Sie ist die Patronin des Unterrichts, der Ausbildung und aller schönen Künste – Literatur, Malerei, Bildhauerei, Musik. Sie erfüllt die Funktionen, die etwa im alten Griechenland die

Dewi Saraswati

Musen inne hatten und in den Kirchen des Ostens die Heilige Sophia (= Weisheit).

Jede indische Gottheit hat einen Thron, der zugleich ein Reittier ist, auf dem sie durch die Lüfte segeln kann. Der Göttin Saraswati ist, wie auch ihrem Gatten, dem Schöpfergott Brahma, die weiße Hamza eigen (Schwan oder Gans): Künste, Musik, Sprache und Schrift sind eben etwas Schöpferisches - denn schließlich werden gerade dadurch völlig neue Welten erschaffen.

Die Göttin wird zwei- oder vierhändig abgebildet. In zwei Händen hält die Schirmherrin der Musik die Vina, das wichtigste indische Saiteninstrument. In der – wenn vorhanden - dritten Hand hält sie den Pustaka, das traditionelle Buch aus getrockneten Palmblättern. (Ursprünglich wurden in Indien und in Südostasien die Buchstaben in die Blätter der Lontarpalme geritzt.). Alle Schriftsteller begehen den Tag der DEWI SARASWATI, der in Indien und in Bali zu gänzlich verschiedenen Terminen gefeiert wird. Bleibt noch die vierte Hand zu beschreiben: Sie hält die Akshamala, den Rosenkranz - Symbol des ewigen Kreislaufes der Zeit und des geistigen Schöpfertums. Wir nennen uns **DEWI SARASWATI**. Deshalb versteht jeder in Indien und auf Bali, was wir wollen: Wir wollen durch eine gute Ausbildung die Fähigkeit fördern, sich selbst und die Umwelt zum eigenen Wohle kreativ zu entwickeln. Wir wollen aber auch mit diesem Namen signalisieren, dass wir die Kulturen Süd- und Südostasiens voll und ganz respektieren. Wir wollen weder missionieren, noch Parteipolitik machen, noch die einheimische Kultur verdrängen. Im Gegenteil – wir wissen, dass wir aus Asien vieles lernen und übernehmen können, was unsere persönliche Entwicklung und die Europas anregt und fördert. **DEWI SARASWATI** als Name unseres Vereines bedeutet: Entwicklungszusammenarbeit ist keine Einbahnstraße. Wir tauschen unsere Erfahrungen aus und profitieren gegenseitig voneinander. Deshalb führt auch DEWI HH kulturelle Veranstaltungen durch.

DEWI HH im Internet: **www.dewi-saraswati.org**

Unser Mitglied Daniel Rinninsland hat für uns am 21.6.99 eine Website ins Internet gestellt und betreut sie als WEB-Master. Innerhalb der letzten zweieinhalb Jahren wurde sie von 4000 Surfern aufgesucht. Eine beachtliche Anzahl von Anmeldungen erreichten uns als eMail über das eingebundene elektronisches Anmelde-Formular.

Unsere reich bebilderte Website verfügt über einen Kalender der eigenen Veranstaltungen, sowie der Veranstaltungen befreundeter Organisationen. Nachzulesen sind dort auch unsere aktuelle Satzung, sowie unsere 5 Prinzipien und die Erläuterungen dazu.

Auch asiatische Kochrezepte, sowie Listen mit Unterkünften in Südindien und in Bali sind aufzurufen und - wie alle anderen Seiten auch - im Bedarfsfalle auszudrucken. Unsere Thesen über Entwicklungspolitik lassen sich dort einsehen und diskutieren. Auch der Inhalt unserer Broschüre "Warum? Darum!" ist dort wiedergegeben. Englischsprachige Seiten über unsere indische Partnergesellschaft sind vorhanden und auch die Situation der indischen Frauen wird beschrieben. Interreligiös Interessierte finden eine Information über "Christentum und Hinduismus". Illustrierte Informationen über indische und indonesische Kultur sollen, als Begleitung zu unserem Veranstaltungsprogramm, in Zukunft immer weiter ausgebaut werden. So haben wir schon - anlässlich einer Ausstellung - indische und indonesische Schattenspielfiguren ins Netzt gestellt.

Informationen über unsere Irular Adivasi und ihre Kinder werden künftig einen besonderen Schwerpunkt bilden. Unsere Website liefert zusätzliche Infos zu diesem Buch und unseren anderen Veröffentlichungen. Besonderes Interesse verdient, dass wir im Internet ohne große Kosten viele Farbbilder zeigen können.

Bitte helfen Sie uns wechselseitige Verknüpfungen (Links) mit möglichst vielen interessanten Websites herzustellen. Links unserer Website führen zu den Veranstaltungen des "Eine-Welt-Netzwerkes Hamburg" **www.ewnw-hamburg.de**, und zum Zentralinstitut für soziale Fragen **http://www.dzi.de**. DEWI SARASWATI ist auch mit Infos vertreten auf: **http://www.helpdirect.org** und in **www.eine-welt-info.de**. Eine "Visitenkarte" erscheint, wenn in die Suchfunktion auf der Seite von **www.hamburg.de** unser Name eingegeben wird.

Mitgliederentwicklung

Bei der Mitgliederversammlung 1999 lag die Gesamtzahl der Mitglieder und der Interessenten , die ein Spendenversprechen für DWI HH abgegeben haben, bei 131. Ende 2001 beträgt die Gesamtzahl an Mitgliedern und Unterstützenden 265. Sie kommen vor allem aus den alten und neuen Ländern der Bundesrepublik, aber auch aus Holland, Norwegen, der Schweiz, aus Indien und nicht zuletzt auch aus Griechenland.

Viele Kinder, vor allem auch Kinder der Ureinwohner, benötigen noch Nahrung und Ausbildung. Um unsere Arbeit langfristig und nachhaltig nicht nur fortführen zu können, sondern auch noch auszuweiten, sind wir ganz dringend auf weitere Mitglieder und Unterstützende angewiesen.

Zurückzuführen ist die günstige Mitgliederentwicklung auf

- Werbung von Mitgliedern durch Mitglieder. Mund-zu-Mund Propaganda ist eine ganz entscheidende Sache.
- eine Satzungsänderung, durch die wir den Austritt aus unserer Organisation wesentlich vereinfacht haben. Jeder kann jederzeit durch ein einfaches Schreiben seine Mitgliedschaft zum Ende des Jahres kündigen. Damit haben wir es all denen, die sich nur ungern langfristig finanziell festlegen, erleichtert, bei uns mitzumachen.

- das **DZI Spenden-Siegel** für 1999, das für 2000, 2001 und 2002 erneuert worden ist. Dadurch erhalten wir Anfragen aus der gesamten Bundesrepublik. (Wir sind eine von lediglich vier NGOs in Hamburg, denen das Siegel zugeteilt wurde. Dieses Siegel wird auf Antrag verliehen nach umfassender Prüfung des Umganges mit Spenden und der Informationspolitik eines Vereines.)
- Veranstaltungen in Verbindung mit Bilderschauen und Info-Tisch, wie z.B. unsere CinemaxX Filmaktion, unsere Flohmärkte, Teilnahme an Veranstaltungen der Volkshochschule HH Ost, Veranstaltungen anlässlich des Besuches von Ruby James (1999), Ausstellungen von Schattenspielfiguren (1901), Lichtbildvorträge u.s.w.
- Unsere Website www.dewi-saraswati.org (s.S.78).
- Die Möglichkeit, ein Spendenversprechen abzugeben ohne Mitglied zu werden, wird ebenfalls genutzt (- im Augenblick von etwa 10 % unserer Unterstützenden).
- Artikel in der Presse über DEWI SARASWATI. Besonders viele neue Freunde haben wir einem Beitrag über uns am 13. April 2000 im Hamburger Abendblatt sowie den regelmäßigen Berichten in verschiedenen Mitteilungsblättern zu verdanken.

Der Verein erhebt keine Mitgliedsbeiträge. Wer ein Spendenversprechen abgibt, für eine Mitgliedschaft votiert und vom Vorstand bestätigt wird, ist stimmberechtigtes Mitglied. Der Beitrag für eine persönliche oder Projekt-Patenschaft beträgt pro Jahr € 204,52. Es besteht auch die Möglichkeit, halbe oder Viertelpatenschaften zu übernehmen. Die projektbezogene Mindestspende für eine Mitgliedschaft beträgt pro Jahr € 25,56.

Im Kinderdorf: Einem Ehepaar aus Volksdorf haben wir zu danken, dass wir 2001 das Obergeschoss der Schule (rechts) und die Lehrerwohnung (Mitte) errichten konnten. Links: Heime für die Kinder.

Veranstaltungen Mitte 1999 bis Ende 2001

Zwischen der MV 99 vom 1. Juni 99 und der MV 2000 vom 28.Juni 2000 fanden, abgesehen von vier Vorstandssitzungen, zahlreiche öffentliche Veranstaltungen statt. Hervorzuheben sind die Veranstaltungen mit unserer Managing Director Ruby James. Sie war auf Einladung des Senats der Freien und Hansestadt Hamburg durch Vermittlung der Weltweiten Partnerschaft Hamburg e.V. im Mai 2000 in Hamburg.

7. bis 19. September 1999 10 - 19 Uhr im Glockenhaus Lüneburg:
♦   **Fotoausstellung Gesichter Indiens - in Schwarz und Weiß**
101 Großfotos aus Südindien von Günter Spitzing.   Info-Tisch für DEWI HH.
Während des "Marktes der Völker" ausgerichtet vom Verein "Kunst und Kultur der Völker".
Samstag, 13.11.99 19 Uhr, Aula der Schule Emilienstraße.
♦   **Happy DIWALI:**   Das große indische Lichterfest wird fröhlich gefeiert - u.a. mit Darbietungen aus Indien, Griechenland, Afghanistan, Afrika, den Philippinen und Südamerika.   Diwali-Dinner und Tombola.   Veranstalter: Naya Bharat Gesellschaft (Debasish Samanta) in Zusammenarbeit mit der Ausländerbeauftragten Hamburgs und dem DGB.   Die **Naya Bharat** Gesellschaft unterstützt mit dem Erlös des Abends die Arbeit von DEWI HH.
Sonntag   5.12.99   11-18 Uhr, Torhaus Wellingsbüttel, Wellingsbüttler Weg 75 b
Freitag   10.12. + 17.12.   14-18 Uhr
Samstag/Sonntag   11./12.12. + 18./19.12.   11-18 Uhr :
♦   **INDIEN IM TORHAUS**
Fotoausstellung: Gesichter Indiens in Schwarz und Weiß
Während der Öffnungszeiten ist ein DEWI HH Info-Stand durchgehend besetzt.
Sonntag   5.12.99   11 Uhr:
♦   **Vernissage zur Ausstellung.   Gesichter Indiens**
Mittwoch   8.12.99   20 Uhr:
♦   **Brennpunkt Südindien - Diavortrag von Günter Spitzing**
Veranstalter: Kulturkreis Torhaus im Bürgerverein Wellingsbüttel e.V., in Zusammenarbeit mit **DEWI** HH.   Der Erlös des Abends kommt DEWI HH zu Gute.
Freitag 7. Januar 2000 19 Uhr im indischen Restaurant Zara, Drosselstr. 11.
♦   **DEWI SARASWATI Dreikönigsessen 2000**
Mittwoch 12. Januar 2000, 18.30 in den Räumen des CDG, Poststr. 51/I:
♦   **DEWI SARASWATI** Gesprächsrunde **Christentum und Hinduismus**
Das einleitende Referat ist unter www.dewi-saraswati.org nachzulesen oder auszudrucken.
20. bis 23. Januar 2000, Berner Heerweg 183
♦   **VHS FEST**   Volkshochschule HH Ost, Farmsen.
DEWI SARASWATI ist beteiligt mit Info-Stand, Lichtbild-Vorträgen, Ausstellung "**Gesichter Indiens**".
Der **Gesamterlös** aller Aktionen, darunter Tombola und Versteigerung einer riesengroßen **Patchwork-Decke** (Kurs von Frau Margrit Kopf), geht an **DEWI SARASWATI.**
Sonntag 16. April 2000 im CinemaxX am Dammtorbahnhof:
♦   **DEWI SARASWATI im CinemaxX.   Festliche Wohltätigkeitsveranstaltung mit Empfang**
10 Uhr   Empfang im Foyer mit Erfrischungen.
10.40 Uhr   Grußwort von Professor Dr. Ursula Neumann, Ausländerbeauftragte des Senates.
                   Kurze Präsentation der Ziele von **DEWI SARASWATI**.
11 Uhr   **Film als "preview" Stuart Little.**   Anschließende Erfrischungen und Häppchen.

Mai 2000: Ruby James, Projekt Manager DEWI SARASWATI India, ist auf Einladung der Senatskanzlei Gast in Hamburg.   Besuche von Schulen, Kindergärten und Institutionen
Samstag 6. Mai 2000 15 Uhr In den Räumen des CDG Hamburg, Poststr. 51/1:
♦   **Treffen mit Ruby James bei Kaffee und Kuchen**
Mittwoch 10.5.2000   19 Uhr Musiksaal der Volkshochschule Hamburg Ost Berner Heerweg 183:

♦ **Hamburg Südindien** Veranstaltung der VHS Farmsen
Entwicklungszusammenarbeit mit humanem Antlitz.
   Zwischen Globalisierung und Regionalisierung.
Referate **Ruby James** und **Günter Spitzing:** Das **DEWI SARASWATI** Projekt in Südindien.
Round table Gespräch, Leitung: Wulf Hilbert, es diskutieren:
Ruby James, Project Manager, Chingleput
Navina Sundaram, Entwicklungspolitischer Beirat des Senates Hamburg, Redaktion NDR 3 TV
Ajoy W. Chatterjee, Deutsch-Indische Gemeinschaft
Robert Schreiber, Beratungsstelle für Geographie und Globales Lernen,
Günter Spitzing, **DEWI SARASWATI** Hamburg e.V. und Eine Welt Netzwerk Hamburg e.V.
Im Foyer: Ausstellung Gesichter Indiens + Indischer Imbiss
Dienstag 16. Mai 2000 19.30 Uhr in den Räumen der Carl Duisberg Gesellschaft, Poststr. 51/I:
♦ Gemeinschaftsveranstaltung
DEWI SARASWATI HH e.V.   - Eine Welt Netzwerk HH e.V.   - Weltweite Partnerschaft HH e.V.
Ruby James: Mehr Chancen als Hindernisse
Günter Spitzing: Projekt DEWI SARASWATI Kinderdorf und landwirtschaftliches
Entwicklungszentrum - mit Lichtbildern
Samstag 20. Mai 2000 14 – 18 Uhr, Volkshochschule im Alstertal, Rolfinckstr. 6a:
♦ **DEWI SARASWATI Bücher-Flohrmarkt**
Sonntag 21. Mai 2000 10 – 18 Uhr, Volkshochschule im Alstertal, Rolfinckstr. 6a:
♦ **Großer DEWI SARASWATI Flohmarkt**
Mittwoch 24. Mai 2000 19 Uhr:
♦ Diavortrag von Günter Spitzing **Das DEWI SARASWATI Projekt in Südindien**
Auf Einladung des Lions Club Alstertal im Schleusenhaus Poppenbüttel
Mittwoch 15. November 2000, 19.30 Uhr, CDG Poststr. 51/I:
• **Gemütliches Beisammensein** für Mitglieder und Freunde von DEWI HH.
Mittwoch 22. November 2000, 19.30 Uhr, CDG Poststr. 51/I
• Günter Spitzing **Trance in Indien und in Bali,** Diavortrag.

Freitag 24. November 2000 16 - 19 Uhr, Aula Schule An den Teichwiesen
• **Weihnachtsbasar zu Gunsten von DEWI SARASWATI**
Donnerstag 4. Januar 2001 10 Uhr, Aula Schule an den Teichwiesen
• Schecküberreichung vom Basar an DEWI SARASWATI
Montag, 8. Januar 2001
• **DEWI SARASWATI Dreikönigsessen**
Mittwoch 10. Januar 2001, 20 Uhr, Kulturhaus Eppendorf, Martinistr. 40
• Marie Schlei Verein: **DEWI SARASWATI Children Home and Development Centre**
   Die Situation der Frauen und Kinder in Indien, Religion und Politik, Chancen der
   Entwicklungszusammenarbeit.   Lichtbildvortrag von Günter Spitzing.
Sonntag 23. September 2001, 10 - 18 Uhr, Volkshochschule im Alstertal, Rolfinckstr. 6A
DEWI SARASWATI Flohmarkt
• April   2001, Aula des WG Klosterstieg.
   Benefizkonzert für DEWI SARASWATI im Wilhelmgymnasium
• 5. - 10. November 2001,   Heroldzentrum Norderstedt
   Götter, Ahnen und Dämonen: Ausstellung von **Schattenspielfiguren** aus Indien,
   Indonesien, Thailand, Taiwan, Griechenland und der Türkei. Ein Infostand von DEWI
   SARASWAT ist die ganze Woche hindurch besetzt.
Samstag und Sonntag 1. und 2. Dezember 2001, Vicelin Haus, Norderstedt.
• **Advents-Basar der Gemeinde Vicelin-Schalom** (zu Gunsten von DEWI SARASWATI)
Sonntag 16. Dezember 18 Uhr 2001
• **Waldgottesdienst der Gemeinde Vicelin-Schalom** (ebenfalls für DEWI SARASWATI)

DEWI Veröffentlichungen

Gesamtbericht. An alle Mitglieder, Unterstützende und Interessenten wurde ein 28-seitiger bebilderter Gesamt-Jahresbericht für 1998 und das 1. Halbjahr 1999 versandt (Auflage 400 Exemplare). Er enthält sämtliche verfügbaren Fotos von Patenkindern. Das vorliegende Buch ist ein erweiterter Nachfolge-Bericht für 1999 bis 2001.

Die moderne Technik macht es möglich, den diesjährigen Bericht hübscher und professioneller zu gestalten, ihn um einige interessante Themen zu erweitern – und dazu noch die Kosten niedriger zu halten. (Verfahren "BOOKS ON DEMAND"). Die Schattenseiten des technischen Fortschrittes: Wir mussten uns völlig neue Computerkenntnisse aneignen, und es gab darüber hinaus ganz erhebliche Schwierigkeiten, die zu überwinden uns beträchtliche Mühe bereitete. Daher hat sich leider die Herausgabe diese Buches um ein ganzes Jahr verzögert. Aber für die Zukunft wissen wir ja jetzt Bescheid.

Wir versenden Veranstaltungshinweise und Unterlagen, darunter auch den vorliegenden Bericht kostenlos an unsere Mitglieder, sowie an alle die, die uns unterstützen. Weitere Exemplare des Berichtes sind auf Vorbestellung im Buchhandel erhältlich. (Bitte bei Bestellung ISBN Nummer angeben!)

Faltprospekte. Unser Faltprospekt ist auf den neuesten Stand gebracht und wird per Kopiergerät vervielfältigt. Neben dem allgemeinen Prospekt haben wir einen eigenen *Folder* über unsere Irular-Aktionen herausgebracht. Wer Prospekte verteilen will, möchte diese anfordern. Wir haben lediglich noch Schwierigkeiten mit dem Falten größerer Stückzahlen. Daher suchen wir günstig ein geeignetes gebrauchtes Falzgerät.

Zeitung für Mitglieder. Zweimal im Jahr bringen unsere Vorstandsmitglieder Annie Wojczewski und Anja Rachow eine kleine Zeitung heraus. Sie ist als Verständigungsmittel zwischen unseren Mitgliedern gedacht und berichtet darüber, wie unsere Veranstaltungen verlaufen sind, und welche Pressemeldungen über uns erschienen. Wir stellen auch einzelne Mitglieder vor, und unsere Volontärinnen geben ihre Erfahrungen aus Indien weiter. Von den Mitgliedern wird die Zeitung positiv beurteilt. Wir würden uns allerdings noch etwas mehr Anregungen und Mitarbeit wünschen.

Broschüre WARUM? DARUM! Die 20seitige Broschüre wurde von Mirja Busch illustriert. In Form einer Geschichte, die in entwicklungspolitische Forderungen einmündet, werden wichtige Ursachen von Armut und Abhängigkeit in den Ländern des Südens geschildert. Die Broschüre ist allgemein gehalten und geht somit nicht direkt auf die Arbeit von DEWI SARASWATI ein. Die Broschüre bedient sich ganz bewusst einer anschaulichen, ja plakativen Sprache. Wir wollen damit Interesse für die menschliche Situation in den betroffenen Ländern wecken, und zwar auch bei Leuten, die durch den bedauerlicherweise üblichen sozial- und entwicklungspolitischen Jargon nicht so schnell zu begeistern sind. Fachsprachen haben in der wissenschaftlichen Diskussion zur schnellen Verständigung zweifellos eine gewisse Berechtigung. Um jedoch - was absolut notwendig ist! - eine breitere Öffentlichkeit für die Situation der Menschen in den benachteiligten Ländern zu interessieren, ist der sondersprachliche Jargon in jedem Falle denkbar ungeeignet. Für Anregungen und Vorschläge, wie wir noch griffiger und deutlicher formulieren können, sind wir immer dankbar.

Diaserie mit Text über das DEWI SARASWATI Kinderdorf. Da wir gelegentlich von Mitgliedern und Freunden gefragt werden, ob wir für Veranstaltungen in kleinerem oder größerem Kreis Hilfsmittel zur Verfügung stellen können, haben wir eine Diaserie über unser Kinderdorf (mit Textheft) geschaffen. Diese kann bei uns ausgeliehen werden. Für weitere Wünsche (z.B. nach einer Bild-CD) haben wir immer ein offenes Ohr.

DEWI SARASWATI Diskussion: Themen von Interesse

Im Focus: Projekt-Patenschaften und persönliche Patenschaften

Durch **persönliche Patenschaften** wird ein namentlich bekanntes und nach Möglichkeit im Bild vorgestelltes Kind gefördert. Das Kind kann auch in Indien oder Bali besucht werden. Bei älteren Kindern, die ausreichend Englisch verstehen, ist ein Briefwechsel möglich. Wir bemühen uns darum, den Englisch-Unterricht nach Kräften zu fördern.
Durch persönliche Patenschaften unterstützen wir

- bedürftige Kinder, vorwiegend Mädchen, die bei ihren allein gelassenen Müttern oder in besonders bedürftigen Familien leben. Ihnen lassen wir eine gute Ausbieldung zukommen, die ihnen ansonsten vorenthalten würde;
- Kinder aus Irular-Dörfern. Die Kinder werden besser ernährt und erhalten eine Ausbildung in einer guten Schule;
- Kinder (Waisen, Vernachlässigte) in den 10 Wohneinheiten unseres Kinderdorfes.

Durch **Projektpatenschaften** (auch Partnerschaften genannt) werden Kinder und Ausbaumaßnahmen zum Wohl der Kinder und auch ihres Umfeldes unterstützt, ohne dass dies an einem bestimmten Namen festgemacht wird.   Damit fördern wir

- Ausbildung und Speisung unserer Vorschul-Kinder aus den umliegenden Dörfern, bewohnt von bedürftigen Landarbeitern und Bauern;
- Ausbildung und Speisung unserer Kinder in der Regelschule (gerade im Aufdbau);
- die Ausbildung eines Teiles der Kinder aus den Dörferen der Irular Adivasi;
- Selbstorganisation der Dorfbevölkerung zur Entwicklung und Verbesserung ihrer Lebensverhältnisse. Das gilt besonders auch für Frauengruppen;
- Ausbau unseres *Children Home and Rural Developement Centres*, einschließlich schulischer Ausbildungsmöglichkeiten.

Zusätzlich werden alle diese Maßnahmen gefördert durch Einzelspenden von Einzelpersonen, Firmen und Verbänden, sowie durch Aktionen zum Gelderwerb (Flohmärkte, Vorführungen, Veranstaltungen). Auch der Bund unterstützt investive Maßnahmen und Anschubfinanzierung auf dem Gebiet der Entwicklungszusammenarbeit.
Dies erstreckt sich aber nur auf Ausbau und Anschaffung, nicht auf den laufenden Unterhalt und Betrieb. Der Aufbau eines Kinderhauses wird z.B. gefördert, nicht aber der Unterhalt der Kinder, die darin wohnen. Voraussetzung für die Mittelbewilligung ist die Vorlage einer vernünftigen Planung, die entsprechend durchkalkuliert werden muss. Der Sinn von Bundes- oder EU-Unterstützung für NG0s (Nicht-Regierungs-Organisationen) liegt darin,

- **dass Entwicklungszusammenarbeit auf Graswurzelebene zwischen Organisationen im Geber- und im Nehmerland, die wirklich die Bedürftigsten erreichen, gefördert wird;**
- **dass eine hohe Effektivität bei niedrigen Kosten erreicht wird, weil die NGOs in den Geberländern einen hohen Anteil an ehrenamtlicher Arbeit leisten.**

Persönliche Patenschaften in der Diskussion

Von den in der Entwicklung engagierten Gruppierungen (NGOs = Non Government Organisations) werden die Projekt-Patenschaften allgemein gut geheißen. Die persönlichen Patenschaften werden jedoch gerne als umstritten dargestellt.
Wir von **DEWI SARASWATI** haben uns lange sehr ernsthaft mit dem Für und Wider persönlicher Patenschaften auseinandergesetzt. Das Ergebnis: Wir schätzen persönliche Patenschaften – solange bestimmte Misstände vermieden werden - als ganz besonders sinnvoll ein. Wir wollen konsequenterweise nicht, wie andere Organisationen das getan haben und tun , persönliche Patenschaften in Bausch und Bogen verdammen.

Vorteile persönlicher Patenschaften
Zu den Vorteilen persönlicher Patenschaften zählen ein prinzipieller Gesichtspunkt, der sich auf unser Bild vom Menschen gründet, aber auch ein praktischer Punkt:
1. Die persönliche gefühlsbetonte Bindung
In einer Welt, in der alles versachlicht und bürokratisiert wird, ist es unabdingbar, als Gegengewicht persönliche Bindungen und Verbindungen aufzubauen. Die Forschung hat ja mittlerweile herausgefunden, dass Denk- und Erkenntnisprozesse nur dann funktionieren, wenn zugleich starke Gefühlsbindungen zum Erkenntnisobjekt bestehen. Die Vorstellung, dass ausschließlich intellektuell rationales „von Gefühlen ungestörtes" Vorgehen der Königsweg für wissenschaftliches Erkennen sei, ist längst überholt.

In den 70er und 80er Jahren wurde jedes persönliche Interesse an einzelnen menschlichen Schicksalen als gefühliger Betroffenheitskult, und alles emotionelle Engagement für die Kulturen südlicher Länder als romantischer Exotismus abgetan. Es sollten ausschließlich sachliche Beschreibungen und statistische Daten über Bedürftigkeit und Elend als nüchterne Appelle zur Änderung sozialer Strukturen in den Vordergrund gestellt werden. Der Erfolg: Die Angesprochenen ertrugen es nicht mehr, ständig nur auf abstrakte Weise mit Not und Elend konfrontiert zu werden. Und genau deswegen ist das Interesse für diese Länder und ihre Menschen heute weitgehend verschwunden. Daher ist es wichtig ohne die real existierende Notwendigkeit großräumiger Veränderungen aus dem Blick zu verlieren, doch auch die persönlichen Situationen von Menschen, wie auch die reizvollen und interessanten Seiten ihrer Kulturen zu beachten. Wenn das einem dann den Vorwurf sentimentaler Gefühligkeit einbringt und auch noch als Exotismus denunziert wird, dann gilt es eben, mit derartigen Etikettierungen zu leben. Ausschlaggebend ist allein, dass gerade auch emotionelle Zugänge zu einzelnen fremden Menschen, wie zu ganzen Kulturen erschlossen werden.

Ein breites öffentliches Interesse an der Lösung der Probleme in den Ländern des Südens kann nur entstehen, wenn wir uns dafür zugleich intellektuell und emotionell engagieren. Statistische Untersuchungen und durchdachte Veränderungen des Sozialgefüges sind zur Lösung menschlicher Probleme notwendig. Aber allein damit kommen wir nicht weiter. Einschneidende Änderungen sind nur zu erwarten, wenn es in den wohlhabenden Ländern genügend Menschen gibt, die die Menschen in den ärmeren Ländern lieben. Ohne innere liebevolle Teilnahme am Schicksal derer, denen es weniger gut geht, werden alle groß angelegten Maßnahmen zur Hilfe wieder und wieder dazu missbraucht werden, Eigeninteressen zu Lasten der wirklich Bedürftigen durchzusetzen. Um aber Zugang zu persönlichen Schicksalen zu gewinnen, um Menschen, die Hilfe brauchen, **schätzen und lieben** zu lernen, dazu sind Patenschaften ein guter Weg. Deshalb stellt sich **DEWI SARASWATI** ganz bewusst und pragmatisch hinter Patenschaften - auch wenn wir von Einigen dafür Prügel kriegen.

2. Praktische Hilfe für mehr Kinder.
Wir können mit Patenschaften mehr Kindern helfen, als ohne sie. Von den mehr als 300 Kindern, die wir im Jahre 2000 betreuen, werden 150 mit Hilfe persönlicher Patenschaften unterstützt. Hätten wir keine persönlichen Patenschaften, könnten wir nur knapp 20 Kindern helfen. 120 Kinder würden hungern, nichts oder zu wenig lernen, manche davon würden mit Sicherheit bereits jetzt dies nicht überlebt haben.

Was ist wichtiger, dass 130 zusätzlichen Kindern geholfen wird, oder dass wir irgend einer reinen vom Zeitgeist sanktionierten Lehre folgen? Wir halten alle den Patenschaften zugeordneten Nachteile, für nicht so schwerwiegend, als dass wir deswegen jenen 120 Kindern unsere Hilfe versagten - zumal wir versuchen, besagte Nachteile zu vermeiden.

Mögliche Nachteile persönlicher Patenschaften

Von Nachteil ist, wenn ein Kind plötzlich von seinen Pateneltern mit Gaben überschüttet wird, während das andere im gleichen Haus, das vielleicht keine Paten hat, nichts erhält. Wir vermeiden das, indem alle Sonderleistungen mit der Heimleitung abgesprochen werden. So haben z.B. Pateneltern dem Heim eine Schaukel gespendet, von der dann alle Kinder etwas haben. Andere haben ein Reifefest für ein Mädchen ausgerichtet. An der Feier mit besonders gutem Essen hatten alle Heimkinder Anteil.
Oder es wird auch besprochen, wenn ein Kind zu einer höheren Schule übergeht und z.B. ein Fahrrad benötigt, oder wenn es an besonderen Büchern interessiert ist.
Ein Nachteil wäre es auch, ein Kind sein ganzes Leben zu einer besonderen Dankbarkeit gegenüber den Pateneltern zu verpflichten. Wir meinen allerdings, dass das Kind später einmal, wenn es gut situiert sein wird, das was es empfangen, an andere Kinder weitergibt. Wir versuchen den Kindern auf liebevolle Weise zu vermitteln, dass sie Freude an der Verantwortung für andere empfinden.
Ein Nachteil für DEWI HH ist die aufwendige Verwaltung von Pateneltern und zugeordneten Patenkindern. Das ist der (nicht immer eingestandene) Hauptgrund, weswegen so manche Organisation das Patensystem aufgegeben hat. Wir versuchen diesem Problem mit dem Computer beizukommen. (Ohne Computer wäre das auch tatsächlich nicht zu leisten!) Dass wir irgendwann einmal an administrative Grenzen stoßen werden, können wir nicht ausschließen. Für Angebote an computergestützter administrativer Hilfe durch Mitglieder und Freunde sind wir natürlich immer dankbar.
Von Nachteil wäre es auch, wenn einzelne Paten eine Art Gönnermentalität entwickelten. DEWI SARASWATI hat glücklicherweise damit nicht zu kämpfen.
Wir mussten im Laufe der Zeit lernen, dass das Spenden gebrauchter Dinge, die bei uns überflüssig geworden sind, seine Schwierigkeiten hat. Auch wir hatten uns zunächst gesagt, dass z.B. Kleidung, die hier niemand mehr haben will, doch anderen Ortes noch benötigt wird. Inzwischen gibt es aber Erfahrungen etwa aus Afrika. Dort wurde durch die Einfuhr gebrauchter Kleidung das einheimische Schneiderhandwerk ruiniert. Auch wir haben Frauengruppen, die sich mit der Schneiderei durchschlagen. Wir müssen uns eingestehen, dass wir die Probleme früher nicht richtig gesehen haben. Heute ziehen wir es vor, unseren Schneiderinnen Aufträge zu geben, anstatt gebrauchte Sachen zu verschicken. Natürlich machen wir da auch Ausnahmen. Dennoch bleibt die generelle Frage, ob es nicht richtiger ist, unsere gebrauchten Dinge hier im Lande wieder zu recykeln, als sie anderswohin - von uns weg - zu schieben.
Von Nachteil wäre es auch, wenn über die Konzentration auf das Einzelschicksal der Blick auf die großen sozialen Zusammenhänge verloren ginge. Dies ist ein durchaus ernst zu nehmendes Argument. Das passiert bisweilen wirklich.
Es gibt Hilfsprogramme, die z.B. Kinder auf dem Lande lediglich bis zu einem gewissen Alter Ausbildungsunterstützung gewähren. Gut - die Kinder bekommen dann wenigstens über eine Reihe von Jahren ausreichend zu essen. Das ist besser als nichts – aber es ist nicht genug. Man muss auch die – in unserem Beispiel ländliche – Umwelt sehen, in die sie hineinwachsen. Die Landleute müssen zugleich Informationen und Unterstützung zur Verbesserung ihrer Produkte und damit ihrer Verdienstmöglichkeiten erhalten. Deshalb gründet und unterstützt DEWI SARASWATI *magalir mantrams*, Selbsthilfegruppen von Frauen (in Nordindien als *women sangams* bekannt).
DEWI SARASWATI informiert ständig Mitglieder und Freunde, und alle, die sonst noch dafür zu interessieren sind, welche Fördermaßnahmen ergriffen werden. Wir studieren die sozialen, kulturellen, wirtschaftlichen, politischen und religiösen Verhältnisse im Projekt-

gebiet und wir berichten über sie. So wird vermieden, dass über die Konzentration aufs Einzelschicksal die größeren Zusammenhänge verloren gehen.

Allerdings darf man auch über den großflächige Strukturen die Einzelschicksale der Menschen nicht übersehen. Es ist nicht zu verantworten, dass einzelne Menschen und Familien durch sogenannte entwicklungs- oder umweltfördernde Maßnahmen entwurzelt oder in ihrer Existenz geschädigt werden. Das ist leider vorgekommen. Durch manche entwicklungspolitische Maßnahmen sind mehr Menschen zu Grunde gerichtet, als gefördert worden.

Und wenn ein Patenkind ausfällt?

Das kommt vor – manchmal ist das bedauerlich. Gelegentlich aber kann das auch ein Glücksfall sein. Bisweilen zieht zum Beispiel eine Mutter mit ihrem Kind in ein entferntes Heimatdorf um und ist für uns nicht mehr erreichbar. Oder aber die Kinder haben sich unter unserer Förderung an der Schule besonders gut entwickelt und werden daraufhin mit einem Stipendium ihrer Schule belohnt. Das ist schon einige Male geschehen.

Für die Paten ist so etwas immer schmerzlich, weil sie ja gern ihr Kind auf seinem Ausbildungsweg begleiten wollen. Andererseits werden die Kinder ja weiter gefördert. Und es werden Plätze frei für andere Kinder, die Förderung nötig haben - falls sich die Paten bereit erklären, ein neues Kind zu übernehmen.

Wir haben einen Fall gehabt, da hat jemand seine Patenschaft mit dem Hinweis aufgegeben, er wolle nur hochbegabte Kinder fördern. Das Mädchen musste eine Klasse wiederholen. Wir haben das Kind selbstverständlich weiterhin gefördert. Die Kinder mit denen wir zu tun haben, sind viele Jahre in ihrem Leben unterernährt gewesen. In ihrem Umfeld kann kaum jemand lesen oder schreiben. Von solchen Kindern sind nicht immer Hochleistungen zu erwarten. Aber gerade ihnen wollen wir ja helfen.

Vorteile von Projektpatenschaften

Projektpatenschaften sind für uns administrativ wesentlich einfacher zu handhaben. Wir können die Summen da einsetzen, wo wir sie brauchen - für den Betrieb des Heimes oder für seinen Ausbau oder auch für Ausbildungsunterstützung von Kindern, für die wir keine Paten haben. Hätten wir keine Projektpatenschaften, könnten wir auf die Dauer auch die persönlichen Patenschaften nicht aufrecht erhalten. Im Augenblick suchen wir noch für die Entwicklung der schulischen Ausbildungsmöglichkeiten Mitglieder und Unterstützter, die Projektpatenschaften übernehmen. Die Dorfkinder, die bei uns zur Schule gehen und Essen erhalten, können wir nicht einzeln als Patenkinder vergeben.

Wartezeiten bei persönlichen Patenschaften

Wir wollen nur wirklich bedürftigen Kindern helfen. Daher kann es schon vorkommen, dass DEWI SARASWATI einen Patenschaftswunsch nicht sofort befriedigen kann. Die Wartezeit kann bis zu einem Jahr betragen. In so einem Fall bitten wir darum, dass wir die entsprechende Spende im ersten Jahr für unsere Schulkinder verwenden dürfen. Während der Wartezeit findet sich dann ein Patenkind.

Der große Elefant
hilft dem kleinen Elefanten,
damit der schön groß werde,
und dann den jungen kleinen Elefanten
auch wieder helfen kann.

Fragen an DEWI HH zu persönlichen und Projekt-Patenschaften

Frage: Wenn ich mich entschließen sollte, Mitglied zu werden und eine Patenschaft zu übernehmen, kann ich jederzeit meine Mitglied- oder Patenschaft beenden?

DEWI HH: Kündigung der Patenschaft durch ein formloses Schreiben ist jederzeit zum Jahresende möglich. Das gilt auch für die persönlichen Patenschaften.

Frage: Hat das Kind Nachteile, wenn ich die Patenschaft beende?

DEWI HH: Das Kind selbst hat keinerlei Nachteile davon. Wir setzen in jedem Falle die Unterstützung fort und versuchen, neue Paten zu gewinnen. Gelingt das nicht, so erhält das Kind die erforderliche Hilfe aus Projekt-Mitteln, die wir an sich zum Ausbau und für Entwicklungs-Maßnahmen verwenden wollten. Praktisch bedeutet das: Wenn mehrere Pateneltern ihre Patenschaften aufgeben, dann wird unsere soziale Arbeit im Umfeld eingeschränkt, und wir können vor allem keine zusätzlichen Kinder in die Förderung einbeziehen.

Frage: Persönliche Patenschaft hört sich nach persönlicher Verantwortung gegenüber einem Kind an?

DEWI HH: In einigen Fällen haben Paten ihre Verpflichtungen nicht weitergeführt. Der Vorstand von DEWI HH hat ganz selbstverständlich dafür gesorgt, dass die betroffenen Kinder weiterhin in den Genuss der Unterstützung kommen. Insofern liegt auch für die persönlichen Patenschaften letztlich die Verantwortung beim Vorstand von DEWI SARASWATI Hamburg und seinem indischen Partner.

In Einzelfällen haben Pateneltern ihre Patenkinder zusammen mit unseren Helfern besucht. In solchen Fällen entsteht ein vertieftes Verhältnis zwischen Pateneltern und Kindern.

Andererseits übernimmt natürlich jedes Mitglied und jeder Spendende eine gewisse Verantwortung für die Gesamttätigkeit unseres Vereines. Einige Mitglieder haben durch die freiwillige Übernahme von wichtigen Aufgaben ständig oder zeitweise einen ganz erheblichen Teil der Verantwortung für den Verein und seine Aufgaben auf sich genommen. Dafür sind wir sehr dankbar.

Frage: Warum rufen Sie nicht einfach zu einer allgemein gehaltenen Spende an ihre Hilfsorganisation auf? Warum bieten Sie, wenn auch nicht ausschließlich, überhaupt persönliche Patenschaft an?

DEWI HH: Sehr viele Spender wünschen sich eine persönliche Beziehung zu dem Kind, dem ihre Spenden zu Gute kommen. Und wir finden, dass dies ein durchaus berechtigtes Anliegen ist. Andererseits: Wir könnten unsere derzeitige effektive Arbeit nicht durchführen, wenn wir uns alleine auf persönliche Patenschaft stützen müssten. Deshalb haben wir neben persönlichen Patenschaften auch sogenannte Projektpatenschaften. Deren Vorteil besteht darin, dass der Vorstand mit Billigung der Mitgliederversammlung die Gelder aktuell da einsetzen kann, wo sie gebraucht werden - für ein Kind, für das wir keine Paten haben, für die Gehälter unserer Leute in Indien, für den Ausbau/Betrieb unseres Heimes und „Agricultural Centres" oder für Vorschulen und Schulen. Die Projektpatenschaften dienen zu etwa 90 Prozent der schulischen Ausbildung und Speisung bedürftiger Dorfkinder und der Bezahlung von Lehrerinnen und Ausbildern.

Das ist schon deshalb so, weil die für persönliche Patenschaften genannten Summen ganz selbstverständlich Annäherungswerte darstellen: Wir rechnen z.B. für eine halbe Patenschaft im Jahr € 102,26 Die direkten Kosten für das Kind mögen sich dann im ersten Jahr auf € 90.- bis 110.-, im zweiten auf € 180.- bis 200.-und später auf € 500 oder sogar mehr belaufen. (Zuzügliche allgemeine Kosten z.B. für medizinische Notfälle, für Gehälter von Mitarbeitern in Indien und anderes sind dabei noch gar nicht mit eingerechnet.) Die Patenschaftszahlungen sollen aber über die Jahre hinweg gleich bleiben.

Frage: Wenn ich jetzt Ihrer Organisation beitrete oder ein Spendenversprechen abgebe, kann ich dann sofort eine Patenkind zugewiesen bekommen?

DEWI HH: Das kommt darauf an, ob wir gerade neue Patenkinder zur Verfügung haben oder nicht. Offen gesagt: Wir können natürlich nicht den Kindern sagen: Wir probieren, ob wir Pateneltern für Euch finden, wenn ja, könnt ihr eine Ausbildung und ordentliche Ernährung haben, wenn nein, dann wird das nicht gehen, weil wir es nicht finanzieren können. So kann das doch nicht laufen. Wir können - um es mal so zu sagen - keine Kinder "auf Halde nehmen". Das wäre brutal. Wir brauchen gerade umgekehrt "einen Bestand" an Mitglieder und Unterstützenden, die bereit sind ein Kind zu übernehmen, sobald das nötig ist.

Deshalb sind wir dankbar, wenn neue Anwärterinnen und Anwärter auf Patenschaften, ein - in seltene Fällen auch zwei - Jahre Geduld haben, und in der Zwischenzeit unsere Schule und die Schulkinder unterstützen.

Frage: Manchmal sieht man aber doch Prospekte mit Bildern von Kindern und mit Texten in der Art: "Satya braucht ihre Hilfe! Josef möchte gern lernen, kann es aber nicht. Wollen Sie den Kindern nicht helfen?" Man hat dann den Eindruck, man könne Patenkinder direkt aus dem Katalog ordern. Und man denkt dann auch, wenn man die vorgestellten Kinder nicht übernimmt, werden ihnen keine Zukunftschancen geboten.

DEWI HH: Das mag zwar sehr werbewirksam sein, dennoch - bei uns sehen sie so etwas nicht. Und wir sind auch der Meinung, das man das so nicht handhaben kann.

Frage: Wie macht das dann DEWI SARASWATI?

DEWI HH: Wir sehen uns an, wie viele Leute wir noch im Wartestand haben, die noch ein Patenkind haben möchten. Zusätzlich schätzen wir ab, mit wie vielen zusätzlichen Pateneltern wir in naher Zukunft rechnen können. Danach richtet sich die Zahl der Kinder, die wir neu ins Kinderdorf aufnehmen oder denen wir eine Ausbildung ermöglichen. Wenn wir einem Kind einmal Hilfe zugesagt haben, dann müssen wir die auch gewähren. Wir können die Kinder nicht hinhalten. Wir möchten aber auch, dass zwischen uns und unseren Mitgliedern und Unterstützern ein Vertrauensverhältnis entsteht. Das kann jedoch nicht entstehen, wenn wir ihnen irgendwelche Sachen vorgaukeln, die nicht realistisch sind.

Frage: Offensichtlich unterstützen Sie nicht nur Kinder. Auch andere Leute, beispielsweise die Bewohner umliegender Dörfer, werden durch Sie gefördert?

DEWI HH: Wir waren uns von vorne herein darüber im Klaren, dass es keinesfalls ausreicht, Kinder isoliert zu unterstützen. Schließlich müssen die Kinder auch in ein Umfeld hinein wachsen, das ihnen später einmal Lebenschancen eröffnet. Unser Kinderdorf - 10 Wohneinheiten und eine Vorschule sind mittlerweile in Betrieb, eine Regelschule wird gerade ausgebaut - ist zugleich ein Kinderheim und ein landwirtschafti-ches Entwicklungszentrum. In den Schulgebäuden tagen die Frauenvereinigungen, denen eine Schlüssel-rolle bei der Dorfentwicklung zukommt. Dort betreuen auch Ärztinnen die Dorfbewohner. (Zuvor stand dafür kein Raum zur Verfügung.) Alle zusätzlichen Mittel werden in die landwirtschaftliche Ausbildung und in die Entwicklung von Erwerbsmöglichkeiten gesteckt. Außerdem werden - und das ist ein besonders wichtiges und erfolgreiches Projekt - die Kinder in mehreren Dörfern von Ureinwohnern gefördert.

Frage: Ist DEWI HH allein von Spenden abhängig oder erhält es noch anderweitige Zuwendungen?

DEWI HH: Wir hätten allein von Spenden kein Grundstück anschaffen und keine Häuser bauen können. Wir führen deshalb zusätzlich auch Flohmärkte durch, in denen gespendete Altwaren gegen eine kleine Spende abgegeben werden. Außerdem haben wir die Möglichkeit, wie alle NGOs (Non Government Organisations), die schon einige Zeit erfolgreich tätig sind, Unterstützung durch die Bundesregierung zu beantragen. Dies setzt die Erstellung eines vernünftigen Planes und die Offenlegung der finanziellen Verhältnisse voraus. 1997, sowie 1998 und 1999, sowie jetzt - 2001 bis 2004 - wurden und werden unsere Investitionen durch den Bund unterstützt. Besonders dankbar sind wir auch Sponsoren, die uns den Bau von Häusern ermöglicht haben. Wir konnten so wesentlich schneller viel mehr Kindern helfen.

Frage: Wie hoch ist der prozentuale Anteil der Spenden, der in das Entwicklungsgebiet fließt?

DEWI HH: Die Spenden gehen ausnahmslos in die Entwicklungsgebiete. Von den Gesamteinnahmen einschließlich Flohmarkttätigkeit und vergleichbaren Aktionen, sind 1999 95 % in die Arbeitsgebiete geflossen. Die geringen Summen, die in der Bundesrepublik eingesetzt werden, beziehen sich hauptsäch-lich auf den Versand von Rundschreiben an Mitglieder und Interessenten. Kosten für Projektbetreuungsreisen unserer Vorstandsmitglieder und Mitglieder nach Indien und Indonesien werden grundsätzlich nicht aus Mitteln des Vereines erstattet. Das gleiche gilt in der Praxis für Telefon- und Fax-Kosten. Wir haben extrem geringe administrative Kosten. Ganz ohne administrative Kosten ist allerdings Entwicklungszusammenarbeit einfach nicht zu haben. Vereine, die beispielsweise Katastrophenhilfe leisten, müssen mit bezahlten Profis arbeiten. Deshalb sind ihre administrativen Basis-Kosten ganz selbstverständlich wesentlich höher. Was wir tun und wie wir es tun, das erlaubt uns derzeit mit sehr geringen administrativen Kosten auszukommen.

Treffen der Frauengruppen, der *magalir mantram*, in den Räumen der Schule im Kinderdorf.

Frage: Ist Ihr Verein als gemeinnützig anerkannt? Sind die Spenden steuerlich abzugsfähig?
DEWI HH: Wir sind von Anfang an als gemeinnützig und entwicklungsfördernd tätig anerkannt. Mittlerweile sind alle Spenden für uns steuerlich abzugsfähig. Für alle kann eine Spendenbescheinigung ausgestellt werden.
Frage: Ist DEWI SARASWATI auch missionarisch tätig?
DEWI HH: DEWI SARASWATI Hamburg lehnt aus wohl erwogenen Gründen Eingriffe in die kulturelle und religiöse Situation in Indien und Indonesien ab und hat nichts mit Missionierungen irgendwelcher Art zu tun. Wir respektieren alle Kulturen, alle Religionen und alle geistigen Strömungen - und wir nehmen sie alle ernst.
Frage: Gibt es besondere Gründe, warum jemand DEWI SARASWATI Hamburg e.V. unterstützen soll?
DEWI HH: Eine ganze Reihe NGOs betreiben Entwicklungszusammenarbeit recht effektiv. Wir können das beurteilen, weil ein Vorstandsmitglied gelegentlich auch im Auftrag befreundeter Organisationen deren Projekte begutachtet. Auch andere soziale und entwicklungspolitische Projekte sind wichtig und förderungswürdig. Letztlich geht es darum, ob Sie Vertrauen zu uns und zu unserer Arbeitsweise haben. Aber es gibt schon einige Dinge, die für DEWI SARASWATI Hamburg e.V. sprechen:

- Unsere indische Partnerorganisation wird von hervorragend ausgebildeten und sozial engagierten **Fachfrauen** geleitet.
- Die enge und freundschaftliche Zusammenarbeit zwischen der indischen und der deutschen Organisation entspricht dem Ideal einer **gleichberechtigten** Partnerschaft.
- Wir können **flexibel** reagieren und wir ergreifen spontan neue Chancen, die sich auftun. Flexibles Reagieren bildet die Voraussetzung dafür, dass man auch mit begrenzten Mitteln eine Menge erreicht.
- Wir helfen **wirklich Bedürftigen**, vor allem Kindern, die ohne Hilfestellung kaum Chancen hätten.
- Wir setzen uns für die Selbstversorgung mit **Grundnahrungsmitteln** ein.
- Wir fördern Zusammenschlüsse von **Frauen**. Die tun was dafür, dass die Energie- und Wasserversorgung verbessert wird, dass die Kinder ausgebildet werden, dass medizinische Versorgung gewährleistet wird.
- Im Mittelpunkt unseres Projekts steht die Ausbildungsförderung und die Entwicklung von Erwerbsmöglichkeiten, insbesondere landwirtschaftlicher Art. Wir versetzen die Menschen in die Lage, sich in naher Zukunft selbst zu helfen.
- Last not least: Unsere Arbeit ist auf **langfristige** kontinuierliche Entwicklung angelegt!

Entwicklungszusammenarbeit mit menschlichem Antlitz

Was tun gegen entwicklungspolitische Katastrophen?

Hilft die sogenannte Entwicklungshilfe nicht den Ärmsten und hat sie daher nicht grundsätzlich ein menschliches Antlitz?

Leider nein! Eine große Anzahl entwicklungspolitischer Maßnahmen hat eher eine Teufelsfratze. Durch sie wurden in der Vergangenheit gerade die Ärmsten vertrieben, entwurzelt, ihrer Wohnungen, ihrer Arbeit, ihrer Ernährungsgrundlage, und nicht zuletzt ihres sozialen Netzes beraubt.

Dies ist vor allem dann passiert, wenn Staaten oder internationale Multi-Organisationen Kredite an wirtschaftlich oder politisch ebenso einflussreiche, wie eigennützige Kräfte (sogenannte "Eliten") gegeben haben, und die dann das ausnutzten, um sich Land für die entsprechenden "entwicklungsfördernden" Betriebe zu beschaffen. Dies führte zu Vertreibungen, zusätzlichen extremen Umweltbelastungen, zur Vernichtung selbstständiger Existenzen, einschließlich aller damit verbundener Konsequenzen.

Der Sinn von Entwicklungszusammenarbeit und Entwicklungspolitik kann es aber nicht sein zu bewirken, dass einige Wenige, denen es ohnehin gut geht, im Überfluss schwimmen und gerade diese auch noch die Bedürftigen ausbeuten, dass dagegen andere, die am Rande des Existenzminimum liegen, über diese Kante hinweg getrieben werden und ins Bodenlose stürzen.

Daher gilt es sich für eine Entwicklungspolitik mit wahrhaft humanem Antlitz einzusetzen. Und dies heißt sicherzustellen, dass alle Fördermaßnahmen, auch in ihren langfristigen Auswirkungen, so gut wie ausschließlich den Bedürftigen zu Gute kommen.

Stellen Sie sich einmal vor, dass die gesamte Einwohnerschaft von Australien ihr Heim verloren hat - 18 Millionen Leute sind um ihr Land gekommen, wurden aus ihren Häusern geschmissen. Ohne Ernährungsgrundlagen, ohne Einkommen, sind sie dazu verurteilt bittere Not zu erleiden. Da ihre Familien zersplittert und zerstreut wurden, sind alle Gemeinschaftsbande in die Brüche gegangen. Abgeschnitten von ihren lebenswichtigen Ressourcen sind diese Entwurzelten ihrer Geschichte, ihrer Traditionen und auch ihrer Kultur beraubt.... Krankheiten breiten sich unter den Vertriebenen aus und die Sterblichkeitsrate steigt an.... Und kurioserweise geschieht das alles im Namen der Entwicklung - und ihre Opfer werden auch noch als ihre Nutznießer bezeichnet......

Das alles geschah in Indien. Zwischen 1951 und 1990 erlitten über 21,6 Millionen dies Schicksal. Das sind nur die durch Damm- und Kanalbauten Vertriebenen. Fügen wir noch die 2,1 Millionen durch Bergbau Enteigneten hinzu, dann ergibt das eine Bevölkerung in der Größenordnung Kanadas.

Palagummi Sainath: "Everybody loves a good drought", New Delhi 1996

Vertreibung, Enteignung und vor allem das Absinken in die Abhängigkeit unter dem Vorzeichen von Fortschritt und Entwicklung darf es nicht mehr geben. Umsiedlung wider Willen und Existenzvernichtung muss verhindert werden. Entwicklungsprojekte dürfen nur gefördert werden, wenn die Ärmsten nicht darunter leiden, sondern auch ihren Vorteil davon haben. Das ist leider heute noch nicht selbstverständlich. In jedem Fall gilt es die Frage zu stellen: Fortschritt wozu? Entwicklung wohin? Wer hat wirklich was davon?

Ausbildungsförderung und Motivierung zu lernen, nicht zuletzt für die Mädchen, ist die Grundlage aller Entwicklung.
Doch die Basis für eine vernünftige Ausbildung ist ausreichende und ausgewogene Ernährung.

21 Thesen zum Thema Entwicklungszusammenarbeit

1. Zusammenarbeit - mehr als Hilfe

Früher sprach man von Entwicklungshilfe. Der Westen hat geholfen, den anderen wurde geholfen. Einfluß und Macht waren ungleich verteilt. Inzwischen haben wir alle eingesehen, dass sinnvolle Projekte nur gemeinsam geplant und erarbeitet werden können. Ganz wichtig ist aber, dass wir hier vom Süden eine ganze Menge an Wertvollem zurück erhalten. **So ist es für uns durchaus von Interesse zu erfahren, wie und warum in traditionellen indonesischen Dörfern die Zusammenarbeit viel harmonischer funktioniert, als bei uns. Außerdem: Der Westen hat zwar - zumindest bisher - gewusst, wie materielle Probleme effektiv zu lösen sind. Doch stellt für viele von uns die Frage nach dem Sinn des Lebens ein ungelöstes Problem dar. In den ärmeren Ländern hat man dagegen oft einleuchtendere Antworten auf Sinnfragen. Im übrigen: Wie kommt es, das sehr bedürftige Menschen sehr heiter sein können, während wir im Westen reicheren zur Verbissenheit neigen?!**

2. Die Arbeit vor Ort geschieht durch die, die dort zu Hause sind

In der Katastrophenhilfe mag es ganz anders zugehen. Dort aber, wo auf Dauer langfristige Projekte geplant und ausgeführt werden, sind es die Menschen vor Ort, die die wesentlichen Impulse für die Projekte geben, die Planung gleichberechtigt mitbestimmen und die Arbeit leisten. In der Regel arbeitet eine westliche NGO mit einer (in demokratischen Ländern von den Behörden anerkannten) einheimischen NGO zusammen.

3. Unterschiedliche Aufgabenstellungen

Wir als kleine NGO arbeiten hervorragend mit anderen kleinen NGOs zusammen. Andererseits gibt es große Organisationen, die auf die kleinen mit einer gewissen Herablassung heruntersehen. Doch: „Alle Blumen müssen blühen" - und zwar deshalb, weil die verschiedenen Organisationen durchaus unterschiedlichen Aufgaben gerecht werden.
Eine etwas größere NGO - z.B. Ruppert Neudecks „Cap Anamur" arbeitet sehr effektiv als Katastrophen-Feuerwehr. Das setzt voraus, dass erhebliche Mittel und hauptamtliche Spezialisten verfügbar sind. So etwas kann eine kleine NGO nicht leisten. Auch Sterbende von der Straße auflesen, wie das Mutter Theresa in aufopfernder Weise machte, kann nicht jeder. Die Kritik an ihr, dass sie nur für Leidende da wäre und keine Zukunftsstrukturen schüfe, war absolut ungerechtfertigt. Auch wir kleineren NGOs, DEWI SARASWATI Hamburg e.V., und unsere Freunde „Indienhilfe Kaiserslautern" (Dr. Markus Merk), „Susila Dharma" HH-Harburg, haben unsere Stärken - vor allem die des langfristigen Engagements für überschaubare Projekte zur effektiven Verbesserung der Ausbildung, der Ernährung und des Lebensstandards von bedürftigen Kindern, von Frauen und anderen benachteiligten Gruppen. Dass NGOs, wie wir, die in der Bundesrepublik ausschließlich mit ehrenamtlichen Mitarbeitern ans Werk gehen, in ihren Verwaltungskosten sehr niedrig liegen und daher auch geringe Geldmittel äußerst wirkungsvoll einsetzen, liegt auf der Hand. Die großen „Katastrophen-Feuerwehren" müssen jedoch, um ihre Ziele zu erreichen, wesentlich aufwendiger arbeiten.

4. Hilfe für wirklich Bedürftige: Auf die richtigen Partner kommt es an

Die NGOs, aber auch staatliche Organisationen im Westen müssen sich ihre Partner vor Ort genau ansehen. In allen Ländern der Erde gibt es wirtschaftlich einflussreiche "Eliten", von denen zumindest einige, nur ihre eigenen Interessen verfolgen. Mittel, die über die falschen einflussreichen Leute verteilt werden, erreichen kaum die wirklich Bedürftigen.

Das heißt auch, dass man in einem sogenannten Dritte-Welt-Land nicht alles fördern darf. Auch in einem armen Land gibt es steinreiche Leute. So ist darauf zu achten, dass die Hilfe die wirklich Bedürftigen erreicht, und dass die aber auch davor geschützt werden, von anderen „abgeschöpft" zu werden. **Dazu ist man auf die Hilfe von wirklich gutwilligen Teilen der Eliten angewiesen. Es ist leider nicht immer möglich, korrupte Eliten völlig außer acht zu lassen. Um so notwendiger ist bei jedem entwicklungspolitischen Vorhaben zu fragen, ob davon auch die wirklich Armen profitieren.**

5. Gleichberechtigung der Frauen sichert Lebensgrundlagen

Frauen sind von sich aus stark interessiert an Grundbedürfnissen, wie Wasser, Feuer und anderen Energien, an Gesundheit und Ernährung, an der Ausbildung ihrer Kinder. Daher verbessert sich ganz allgemein die Lebenssituation aller Menschen in einem Gebiet sehr schnell, wenn Frauen von ihren Abhängigkeiten befreit, ihre Aktivitäten voll entfalten können. **Das effektivste Mittel der Entwicklung ist die Förderung der Frauengruppen**, mit denen unsere Partner-NGOs zusammenarbeiten.

6. Religiöse Dialoge Ja - Konversionen nein!

Entwicklungszusammenarbeit muss die Kultur und die religiöse Situation vor Ort berücksichtigen. Sie spielt besonders in Asien und Afrika eine ganz entscheidend wichtige Rolle. Jedoch ist auf Missionierungsversuche aller Art zu verzichten! Zur Entwicklungszusammenarbeit passt keine Konvertitenmacherei - gleichgültig, ob sie von Seiten christlicher oder islamischer Gruppierungen erfolgt. Missionierung schafft immer ein Gefälle zwischen den Lehrenden und den Belehrten, bewirkt eine Fortschreibung der kolonialen Hierarchie mit anderen Mitteln. **Demgegenüber gibt es durchaus positive Ansätze für interreligiöse Dialoge. Insbesondere indische Denker haben seit 200 Jahren versucht, Gemeinsamkeiten zwischen Hinduismus, Christentum und Islam herauszuarbeiten. Auf solche, bisher zu wenig genutzte, Gesprächsangebote gilt es sich künftig stärker einzulassen.**

7. Benötigte Produkte aus der Umgebung besorgen

Es darf in Zukunft nur das von außen beschafft werden, was im Land selbst gar nicht oder maßlos überteuert besorgt werden kann. **Während der Kosovokrise haben Hilfsorganisationen Nahrungsmittel für die Flüchtlinge in Makedonien aus Westeuropa und den Staaten eingeflogen. Gleichzeitig mußten die makedonischen Bauern ihre Feldfrüchte unterpflügen, weil sie die zu der Zeit nicht nach Jugoslawien verkaufen konnten. Die NGO Cap Anamur hat dann sowohl Nahrungsmittel, als später auch Baumaterial vor Ort besorgt.**

8. Ausbildung ohne Gewalt

In einigen Ländern prügeln Lehrer und Eltern die Kinder - nicht nur, wenn sie etwas angestellt haben, sondern auch, wenn sie etwas nicht wissen. Die Kinder verinnerlichen, dass man sich mit Prügeln durchsetzen muss. Später als Männer prügeln sie ihre Frauen, und beide Elternteile verhauen wieder ihre Kinder. **Wir betrachten es nicht als illegitimen Eingriff in eine fremde Kultur, wenn wir mit unseren Partnern vor Ort die Prügelfrage diskutieren und sie bitten von körperlicher Gewalt als Erziehungsmittel abzusehen. Der Rohrstock ist eine Altlast, übernommen aus den von den Kolonialmächten betriebenen Schulen.** Nicht nur der Ausstieg aus dem Zirkel der Gewalt in der Gesellschaft, auch die Lust am Lernen und an der Kreativität wird durch Schläge und rauhe Methoden der Disziplinierung verhindert. Der heiße Wunsch zu lernen kann nur entstehen, wenn die Kinder ermutigt und positiv motiviert werden. Die Devise muss sein:
Nicht gezwungen pauken - lustvoll lernen!

Kinder in der Vorschule im DEWI SARASWATI Kinderdorf.

9. Förderung ausgewogenere Ernährung auf dem Land

"Die einfachen Leute auf dem Dorf wissen schon, welche Nahrungsmittel gut für sie sind." So denken wir doch! Aber dass ist ein gewaltiger Irrtum.

Wir mussten feststellen, dass bedürftige Bauern und Landarbeiter in unserem Arbeitsgebiet unzureichend und auch falsch ernährt sind. Sie nehmen zu wenig Eiweiß und Vitamine zu sich. Dadurch ist die Gesundheit und vor allem auch die Lernfähigkeit der Kinder ganz erheblich beeinträchtigt.

Wir haben zunächst für Informationen über gesunde Ernährung und für Kenntnisse über die Kultivierung entsprechender Nahrungsmittel zu sorgen! Bei der Entwicklung der Landgebiete kommt der Förderung der Selbstversorgung der mittleren und kleinen Landleute mit Nahrungsmitteln, die eine ausbalancierte Ernährung gewährleisten, allererste Priorität zu.

10. Selbstversorgung gewährleistet Krisensicherheit

Nur eine ausreichende Selbstversorgung sichert während nationaler oder internationaler Wirtschaftskrisen die Befriedigung der wichtigsten Grundbedürfnisse der weniger wohlhabenden, insbesondere ländlichen Schichten. Eine ausreichende Unabhängigkeit vom Geldumlauf und der Geldwirtschaft, ist die wirksamste Waffe gegen Hunger, Armut und Verelendung.

Man darf dabei nicht vergessen, dass die verheerenden Hungersnöte, die im letzten Jahrhundert das kolonialisierte Indien heimsuchten, auf die erzwungene Verdrängung der Selbstversorgungswirtschaft durch die Produktion von Rohstoffen, die fast ausschließlich für die Kolonialmacht interessant waren, zurückzuführen sind. Das schlichte Rezept der Industrieländer hieß: Billige Rohstoffe einkaufen, teuere Fertigprodukte zurück liefern. (Und wenn man sie lässt, machen sie es heute noch so!)

Frauen einer Gruppe bei der Produktion von Räucherstäbchen. Sie bessern damit ihr Einkommen auf.

11. Vielseitigkeit der cashcrop Kultivierung

Ist die Selbstversorgung ausreichend gesichert, soll ein weiterer Ausbau der Wirtschaft mit *cashcrops* (zum Verkauf bestimmte Produkte) erfolgen, damit Geld ins Haus kommt. Dabei sollte auf Produktvielfalt geachtet werden, damit die Abhängigkeit von Handelsmonopolen vermieden wird. Also: Keine Monokulturen!

12. Kooperation und Unabhängigkeit - gleichwertige Säulen der Kleinbetriebe

Globalisierung ist gut und schön. Aber zum Wohl der Menschen kann sie nur dienen, wenn bäuerliche Kleinbetriebe und kleine Handwerksunternehmen unabhängig arbeiten können. Unabhängigkeit muss dabei keinen Gegensatz zu Kooperationen bilden. Im Gegenteil! Es ist sinnvoll, dass sich diejenigen selbständige Kleinbetriebe zu Kooperativen zusammenschließen, die ein Gegengewicht gegen marktbeherrschende Wirtschaftsformen bilden können. Wir benötigen eine wirtschaftsföderale Form der Globalisierung, die zwei Dinge miteinander verbindet - *Cooperation and Independence.*

13. Gesunde Wirtschaft durch Selbstverarbeitung der Rohprodukte

Koloniale Ausbeutung: Das war Lieferung von Rohprodukten - auch aus der Landwirtschaft - zu Niedrigstpreisen von den Kolonien an die Kolonialmächte, und der Rückfluß von teuren verarbeiteten Waren in Gegenrichtung. Wo dies sich heute noch zwischen Industrieländern und den sogenannten „Dritte-Welt-Ländern" in der gleichen Weise abspielt, ist das nichts anderes als eine Fortsetzung der kolonialen Ausbeutung in verschleierter Form. Eine Wirt- schaft, die nur Rohprodukte liefert, kann auf keinen grünen Zweig kommen. Im Zentrum der Förderung von landwirtschaftlichen und handwerklichen Kleinbetrieben muss der

Ausbau der Selbstverarbeitung und auch Selbstvermarktung der Rohprodukte auf der Basis von Kooperativen stehen.

14. Die Basis aller Entwicklung: Die Ausbildung der Auszubildenden

Um Co-ops oder anderer Formen der Zusammenarbeit in Gang zu bringen, ist Kapital nötig - übrigens gar nicht so furchtbar viel. Aber das alles kann nur funktionieren, wenn die Menschen an Informationen, auch an *know how* herankommen. Woher aber nehmen? Am besten von den Fachleuten, die in dem entsprechenden Land leben. Sie müssen gefunden werden, zum Training von Erwachsenen und Kindern herangezogen und dafür anständig bezahlt werden. Und da ein effektiver Mangel an Fachleuten besteht, müssen wir diese im Rahmen langfristiger Programme heranbilden. Ausbildung in jeder Form ist eine der wichtigsten Aufgaben der Entwicklungszusammenarbeit.

15. Coconuts and Computers

Schulen werden meist von Vertretern der Mittel- und der Oberschicht eingerichtet. Deshalb vermitteln sie vielfach (auch in Europa) zu abstrakte und für Kinder ohne Bildungshintergrund schwer zugängliche Unterrichtsstoffe. Und die produzieren einen Überschuß an Anwärtern auf *white collar jobs*.

Daher ist in der Regel zusätzliche Ausbildung erforderlich, und zwar praktischer Unterricht in Landwirtschaft, Handwerk und angewandter Informatik. Wir brauchen

- Menschen, die gute und ökologisch einwandfreie Nahrung produzieren. In einer mehr und mehr überbevölkerten Welt ist die Sicherung von Trinkwasser und Nahrung das oberste Gebot. Natürlich müssen die, die Nahrung produzieren, auch davon leben können - und zwar gut.
- Menschen, die zusätzlich Zugang zur Aufnahme und Verbreitung von Informationen haben. Sie müssen lesen und schreiben können - das sowieso - und in der Lage sein, mit dem Computer umzugehen. Informatikkompetenz ist die zweitwichtigste Kompetenz für die Menschen, die die Zukunft bewältigen sollen.

Die Fragen: Was ist der Mensch? Was braucht der Mensch?

- Was braucht der Mensch zum Leben?
- Wie kann der Mensch ein Lebensglück und ein Höchstmaß an Zufriedenheit erreichen?
- Wie kann der Mensch mit anderen Menschen zusammenleben?
- Welche sozialen Verpflichtungen und Verantwortlichkeiten muss der Mensch übernehmen?
- Welche Maßnahmen sichern eine zufriedenstellende Situation für den Menschen in Zukunft?

Der Mensch kann nicht ohne „Brot" oder „Reis" leben, aber er lebt auch nicht von Brot oder Reis allein. Um glücklich zu sein, benötigt er Freiheit von Zwang, und das bedeutet ein Maximum an Selbstständigkeit, die es dem Menschen ermöglicht seine Kreativität zu entfalten, eigenständig Aufgaben zu bewältigen und sein ganzes Leben hindurch seinen Horizont mehr und mehr zu erweitern.

16. Wie das Menschenbild - so die Entwicklungspolitik

Entwicklungspolitik wäre eine einfache Angelegenheit, könnte und dürfte man Menschen lediglich als Konsumenten und Produzenten sehen, die innerhalb einer allenfalls erforderlichen Marktregulierung funktionieren und glücklich ums goldene Kalb herumtanzen.

Doch der Mensch ist mehr und er braucht auch mehr, als lediglich die Erfüllung materieller Bedürfnisse. Um zufrieden, sogar glücklich zu sein, muss er die Verhältnisse in seiner Nahumgebung selbständig kreativ gestalten können - zu seinem eigenen Wohl, dem seiner Familie, seiner Nachbarschaft. Er braucht die Möglichkeit, eigenständig zu entscheiden.

Dazu benötigt er Ausbildung, Informationen und auch Ermutigung - aber auch Schutz vor Kräften, die ihn dominieren wollen. **Eine solche dominierende Kraft kann ein Staat sein, der zentral alles entscheidet. Das können Machtmissbrauch, Zwang und Gewalt durch wirtschaftlich starke Gruppen und bestechliche Amtsträger in einer korrupten Gesellschaft sein. Das kann aber auch ein national oder international gespeister Markt sein, der die kleinen Strukturen durch Überschwemmung eines Gebietes mit Billigprodukten zerstört. (Machen wir uns nichts vor: So etwas geschieht in Schwarzafrika, aber auch im Schwarzwald.) Besonders schlimm sind Gruppen von Händlern oder Maklern, die durch perfide Methoden, die Ärmsten in einer Schuldknechtschaft halten, aus der die unterernährten Ausgebeuteten von sich aus niemals herauskommen.**

Demokratie ist dringend darauf angewiesen, dass ein großer Teil der Bevölkerung Entscheidungen treffen kann. Sie bedarf selbständiger und kreativ denkender und handelnder Menschen. Nicht nur, aber allein schon deshalb, sind Kleinbetriebe und bäuerlicher Mittelstand absolut schützenswert. Die Selbstständigkeit der Menschen sollte immer vorrangig gewährleistet werden, gerade auch, wenn es um die Entscheidung für eine Förderung oder Nichtförderung von Strukturprogrammen geht.

17. *Kleinprojekte statt Gigantomanie* oder *Global thinking, local acting*

Bei den sogenannten grünen Revolutionen, insbesondere in Südost- und Südasien, wurden im Rice Research Institut Manila neue, besonders schnell reifende Reissorten gezüchtet. Man hat dann die Bauern gezwungen, nur diese Sorten großflächig anzubauen. Und das Ergebnis: Wesentlich größere Düngemittel-Mengen wurden nötig. Insekten fraßen sich großflächig durchs Gelände und mussten mit Pestiziden bekämpft werden. Die Kleinbauern wurden finanziell von Großlieferanten abhängig. Man hat alte Reissorten ausgerottet, was auch vom ökologischen Standpunkt aus nicht zu vertreten ist. Die neuen Reissorten sind arm an essentiellen Nährstoffen und verursachen Mangelernährung in Verbindung mit mentaler Beeinträchtigung. Davon soll mittlerweile die Hälfte aller indischen Schulkinder betroffen sein. (Florian Rötzer: "Umweltbedingter Intelligenzabbau" in Psychologie Heute 10/2000, Weinheim.)

Man mag z.B. auch mit Gentechnik kostengünstiger landwirtschaftliche Produkte erhalten. Wem aber kommt die Kostenersparnis zu Gute?. Die Kleinerzeuger werden in jedem Fall finanziell eher zusätzlich belastet und bleiben auf der Strecke.

Für den Bau riesiger Staudämme im Namen der Entwicklung des Landes, wurden Millionen von Menschen, meist aus traditionell lebenden Gesellschaften, aus ihren Behausungen und aus ihrem Territorium vertrieben.

Hände weg von Großprojekten. Wir fordern:

Kleine Projekte, weil sie überschaubar sind.

Kleine Projekte, weil sie, wenn nötig, zu korrigieren sind.

Kleine Projekte, weil man daraus lernt, wie man es besser machen kann.

Kleine Projekte, weil sie menschliches Maß haben und sich den menschlichen Bedürfnissen besser anpassen lassen.

Kleine Projekte, weil sie nicht Gefahr laufen, die Lebensgrundlagen von Einzelnen, ganzen Familien, ja von Dörfern und Regionen zu zerstören.

Kleine Projekte, weil viele kleine Projekte vernetzt werden können und dann eine große Wirkung entfalten, intensiver und besser als größenwahnsinnige Vorhaben.

Wenn die Durchführung von Projekten (wie z.B. der Bau von Wasserspeicheranlagen) sich auf die dort siedelnden Menschen auswirkt (z.B. Umsiedlung erforderlich macht), dann müssen für die Versorgung der Betroffenen mindestens soviel Sorgfalt, Zeit, Planungsintensität und Finanzmittel eingesetzt werden, wie für das Projekt selbst. Die Betroffenen

Kinderhaus für Irular-Kinder in Th. Das 2001 errichtete und sofort als Vorschule benutzte Kerngebäude wird gerade ausgebaut. Für die Errichtung und den Betrieb des Kinderhauses haben wir der Karl Bröcker Stiftung zu danken.

müssen umgehend eine echte materielle Kompensation erhalten. Darüber hinaus muss unbedingt gewährleistet sein, dass ihre sozialen Bindungen erhalten bleiben. Vertreibung (Umsiedlung wider Willen) und Existenzvernichtung muss verhindert werden. Entwicklungsprojekte dürfen nur gefördert werden, wenn die Ärmsten nicht darunter leiden, sondern auch ihren Vorteil davon haben. Das ist leider heute noch nicht selbstverständlich.

18. Hilfe für Einzelne und Stukturveränderungen – beides ist notwendig

Unter den entwicklungspolitisch Engagierten gibt es eine etwas kleinkarierte Kontroverse:
Die Einen sagen: Wir wollen nur Hilfe für Einzelne (z.B.) durch Patenschaften. Man kann dann zwar nur wenigen helfen. Aber diese Hilfe kommt garantiert an.
Die Anderen meinen: Hilfe für den Einzelnen ist sinnlos. Nur wenn wir die prinzipiellen Strukturen, beispielsweise die Ursachen von Unterernährung oder Abhängigkeit beseitigen, ist den Leuten langfristig geholfen. Diskussionen, wie diese, sind absolut überflüssig.
Es ist eine pure Selbstverständlichkeit, dass einerseits das Engagement für einzelne Menschen und andererseits der Einsatz für die großflächige Verbesserung wirtschaftlicher Grundlagen und die Abschaffung menschenfeindlicher Sozialstrukturen ineinander greifen muss, damit Erfolge erzielt werden.
Es ist zum Beispiel sehr zu begrüßen, dass Organisationen in den Westländern dafür eintreten, dass den ärmsten Ländern ihre Schulden erlassen werden. Bekanntlich müssen viele

Länder derart viel Zinsen und Tilgung bezahlen, dass für Ausbildung, wirtschaftliche Entwicklung und soziale Fördermaßnahmen, nichts mehr übrig bleibt.

Ein allgemeiner Schuldenerlass entbindet aber nicht von der Aufgabe, darauf zu achten, dass von den frei werdenden Gelder nicht einseitig wirtschaftlich starke Gruppen profitieren. Der Schuldenerlass muss vom betroffenen Staat nach unten weitergegeben werden. Das heißt, dass z.B. die an mächtige Geldverleiher verschuldeten Kleinbauern und Kleinbetriebe ebenfalls von ihren Schulden befreit werden.

All dies macht aber eine direkte Unterstützung - beispielsweise durch Patenschaften – einzelner Bedürftiger, Familien oder Dorfgemeinschaften keinesfalls entbehrlich. Bis nämlich die Auswirkungen der Entlastung des Staates nach unten sickert, können die Einzelnen, ja die Einwohner ganzer Dörfer und sogar Stämme bereits verhungert sein.

Die Hilfe auf der Mikro-Ebene (persönliche Hilfe für Einzelne) und auf der Makro-Ebene (Förderung und Verbesserung von Strukturen) muss ineinandergreifend zusammenwirken.

19. *Entwicklungspolitik erfordert Planung <u>und</u> menschliche Zuwendung*

Ein Förderprojekt wird gut geplant und solide durchfinanziert. Damit wäre der Erfolg garantiert – oder vielleicht doch nicht? Es ist ein Grundirrtum, der einseitig auf wirtschaftliche Effektivität ausgerichteten westlichen Gesellschaft, daran zu glauben, allein mit Planung und Finanzierung seien entwicklungspolitische Erfolge zu erzielen. Sicherlich sind das unabdingbare Voraussetzungen für ein Projekt. Aber dazu muss die Fähigkeit kommen, die Mitarbeit der betroffenen Menschen (d.h. der Kleinbauern, Slumbewohner oder Kleinhandwerker, und nicht nur der Vertreter eines Behördenapparates) zu gewinnen. **Das ist gar nicht immer so einfach, besonders dann nicht, wenn die Menschen schon einmal unter dem Vorzeichen der Entwicklung aufs Kreuz gelegt wurden. Dann wird Zeit und Geduld benötigt, um gemeinsam die Fragen, die sie auf dem Herzen haben, zu klären.**

Entwicklungshelfer und andere in diesem Bereich Tätigen müssen zwar ihren Job beherrschen und gut ausgebildet sein, aber sie müssen auch willens sein, sich auf die Menschen, mit denen sie zu tun haben, einzulassen, deren Leben, Kultur und Probleme kennen zu lernen. Sie können nur erfolgreich arbeiten, wenn sie die Leute vor Ort auch wirklich mögen. **Nennen wir es Sympathie, nennen wir es Liebe oder Zuneigung - ohne das, was damit umschrieben ist, geht es jedenfalls nicht.**

20. *Beachtung und Stärkung einheimischer Kulturen*

Eine Entwicklung, die den Betroffenen, westliche Zivilisation und Konsumhaltung aufdrängt, ist eine Fehlentwicklung. Es kann nicht der Sinn von Entwicklung sein, Einzelne oder ganze Bevölkerungsgruppen kulturell zu entwurzeln.

Interesse für die Kultur und Sprache der Menschen kann zur Stärkung ihrer Kultur beitragen. Erfahrungsgemäß kommt man mit so einer Haltung den Menschen auch näher, gewinnt ihr Vertrauen. Dies setzt voraus durch das eigene Auftreten zu signalisieren: „Deine Kultur ist genauso viel wert wie meine." **Auch die gesellschaftliche Wirklichkeit in anderen ethnischen Gruppen muss vollständig akzeptiert werden. (Eine Ausnahme bilden gesellschaftliche Entartungserscheinungen, die als Menschenrechtsverletzungen anzusprechen sind, wie z. B. die leider noch immer verbreitete Unterdrückung der Frauen.) Es gilt darauf zu verzichten die eigene westliche Kultur als "die allein seligmachende" zu betrachten.**

21. *Soziale Globalierung*

Es ist ein wichtiges – vielleicht das wichtigste - Ziel jeder zukünftigen Entwicklung, dass sich die Menschen global miteinander vertragen, sich gegenseitig als gleichwertig anerkennen, dafür sorgen, dass alle, wo sie sich auch immer befinden, auskömmlich zu essen haben, über genügend Wasser, Energie, Kleidung, Wohnraum, Zugang zu Gesundheitsfürsorge und nicht zuletzt zur Ausbildung haben und auch, dass sie ihre Angelegenheiten selbstständig regeln. Zugleich muss die kulturelle Eigenständigkeit ethnischer, sprachlicher und religiöser Gruppen erhalten bleiben und darüber hinaus besonders geschützt werden. Das ist nicht zu erreichen, ohne dass die Stärkeren den Bedürftigeren helfen.

Diesem Anspruch muss aber auch die vielzitierte Globalisierung Rechnung tragen. Globalisation kann ihrer Verpflichtung nicht gerecht werden, wenn sie zu einer Spielwiese reduziert wird, auf der sich Großunternehmen wie Krebsgeschwüre bis in den letzten Winkel der Erde verbreiten und alle kleineren selbstständigen Einheiten plattwalzen.

Unbegrenzte und uneingeschränkte Wirtschafts- und Handelsbeziehungen schaffen keine Welt, in der demokratische Freiheit und Lebensglück gedeihen können.

Sie schaffen aber auch – entgegen dem Eindruck, der gelegentlich erweckt wird - keine Globalisierung, sondern verhindern sie: Wenn Menschen das Gefühl bekommen, ihre eigenen Angelegenheiten vor ihrer Haustür nicht mehr ordnen zu können und nichts weiter zu sein als Spielbälle undurchschaubarer Interessen großer anonymer Mächte, werden sie schnell zu Opfern nationaler oder religiöse Fundamentalisten.

Das führt dann letztlich gerade zu einer Entglobalisierung der Welt, zu einem Chaos, in dem sich unterschiedliche wirtschaftliche Giganten mit ebenso unterschiedlichen terroristischen Fundamentalisten-Bewegungen hemmungslos bekämpfen.

Globalisierung heißt allen Menschen die Chance für ein menschenwürdiges Dasein unter günstigen wirtschaftlichen Bedingungen mit der Möglichkeit der Selbstbestimmung einzuräumen. Das setzt aber eine Charta voraus, die die soziale, kulturelle und wirtschaftliche Selbstständigkeit garantiert. Globalisierung ja, aber bitte nur unter sozialem und humanen Vorzeichen. Andernfalls wird es ohnehin keine Globalisierung geben.

Aktuelle Forderungen:

♦ **Den Bedürftigen helfen, die Wohlhabenden können sich alleine helfen.**

♦ **Bei allen Maßnahmen sind die Auswirkungen auf die Bedürftigen zu beachten. Es gilt darauf zu sehen, dass weder Vertreibung, noch Enteignung ohne echte Kompensation, noch Zerstörung des Sozialgefüges und auch keine schädlichen Umweltbedingungen verursacht werden.**

♦ **"Anthropotope" schaffen! Biotope werden immer häufiger geschont. Aber auch kulturell und sozial selbstständige Gruppen, wie z.B. bedrohte Völker, bedürfen des Schutzes. Das sollen keine Reservate sein. Ausbildung und wirtschaftliche Entwicklung ist zu gewährleisten, aber zugleich der Schutz des Sozial- und Kulturgefüges und der eigenständigen Religion oder Weltanschauung.**

♦ **Striktes Verbot der absichtlichen Erzeugung, von Produktion und Vertrieb von Saaten, aus denen "unfruchtbare" Produkte entstehen. (Neusaaten können sonst nicht mehr von den Bauern selbst gewonnen werden, sondern müssen gekauft werden.)**

♦ **Striktes Verbot der Patentierung von Pflanzen und Tieren (und natürlich auch Menschen!).**

♦ **Menschenrechte einfordern! Wirtschaftlich orientierte Kräfte gehen mit der Idee hausieren, die Menschenrechte bei der Entwicklungsförderung außer Betracht zu lassen. So geht es nicht! Andererseits ist es vernünftig eine Prioritätenskala für das Einklagen der Menschenrechte zu schaffen. An vorderster Stelle muss das Recht auf ausreichende ausgewogene Ernährung und auf gute Ausbildung stehen. Dazu gehören auch der Schutz von Siedlungsraum und Sozialgefüge.**

♦ **Forderungen nach verstärkter Förderung der entwicklungspolitischen Information im Inland sind grundsätzlich zu begrüßen. Um einen einseitigen euro- oder U.S.-zentrischen Blick auf die Länder des Südens auszuschließen, müssen alle in der Inlandarbeit Tätigen ausreichend Gelegenheit erhalten, Erfahrungen vor Ort zu sammeln.**

Indiens Presse und die Globalisierung

Indiens Vorstellung von einer multizentralen Welt kein Thema für die westlichen Medien?

Globalisierung - was sonst?

In der SZ ist vor einiger Zeit ein Leitartikel erschienen: "Globalisierung - was sonst!" Der Autor sprach sich, wie die Mehrzahl der bundesrepublikanischen Leitartikler für die Globalisierung trotz der durch den Terroranschlag vom 11.9.01 entstehenden Mehrkosten aus. Was sonst? - möchte man fragen. Schließlich ist man es von unseren Medien gewohnt, dass sie das hohe Lied auf die Globalisierung anstimmen, ohne im geringsten danach zu fragen, was denn eigentlich darunter zu verstehen ist, wie sie aussehen soll, welche Spielarten möglich sind und wer auf welche Weise davon betroffen ist. Ohne näherer Beschreibung, wie und was denn alles globalisiert werden soll, sagt der Begriff Globalisierung nämlich genau so viel aus wie sein englisches Pendant "Globalisation" - nämlich überhaupt nichts. Sie bleibt eine Mogelpackung.

Indien und anderer Staaten - übrigens nicht nur der sogenannten Dritten Welt - machen sich darüber schon seit Langem ihre eigenen Gedanken. Doch das bundesdeutsche Kaninchen starrt unbeirrt wie gebannt in die Augen seines großen Bruder im Westen des großen Teiches - und das obwohl sich doch herumgesprochen haben sollte, das gelegentlich auch das Licht aus dem Osten kommt. Eine Würdigung der Ansichten von Gesellschaften Asiens, Afrikas, Lateinamerikas und im übrigen auch Russlands über dies Thema findet in unseren Medien kaum statt.

The Hindu - Sprachrohr der säkularen indischen Gesellschaft

Die in Madras erscheinende überregionale Zeitung "The Hindu" veröffentlichte (2.2.00) einen Leitartikel „Equitiy in Globalisation" und einen weiteren interessanten Beitrag „Globalisation - the backlash". Darin wurde ausgeführt:

In Davos finden regelmäßig die WEF Gespräche über die von der WTO (World Trade Organisation) favorisierten Liberalisierung des Weltmarktes statt.

Ein Human Development Report (HDR)1999 der United Nations Development Programs (UNDP) stellt dazu fest:

- ◆ 1,3 Milliarden Menschen (ein Viertel der Menschheit) haben keinen Zugang zu einwandfreiem Wasser.
- ◆ Jedes 7. grundschulfähige Kind hat keinen Zugang zur Schule oder irgendeiner Ausbildung.
- ◆ 840 Millionen Menschen leiden unter Mangelernährung.
- ◆ 1,3 Milliarden Menschen haben ein Einkommen von weniger als einem US-Dollar pro Tag.

Die Chancen der Globalisierung bestehen darin, hier Verbesserungen zu schaffen. Dem stehen jedoch - so "The Hindu" - schwerwiegende Gefahren gegenüber:

- Traditionelle Industrie und Handwerke fallen der Globalisierung zum Opfer.
- Es wächst ein Überschuss an Nichtbeschäftigten heran, ein Überangebot an Arbeit von ungelernten Arbeitern.
- Ein großer Teil der Bevölkerung wird zur Bedeutungslosigkeit verdammt (marginalisiert) und hat keinen Zugang zu den Vorteilen und Wohltaten der Globalisierung. (Die Globalisierung fordert Menschenopfer - Menschen, die auf der Strecke bleiben.)

So erwächst die Frage, sollen sich die entsprechenden Länder mit Entwicklungsbedarf abschotten oder aber eine Integration in die Weltwirtschaft anstreben, allerdings um den Preis, dadurch unter das Diktat der Global-Wirtschaftsmächte zu geraten?
Wie kann die Verfolgung wirtschaftlicher Effektivität mit Gleichberechtigung und menschlicher Existenzsicherung, zu der sie derzeit unzweifelhaft in Konkurrenz steht, harmonisiert werden?
Die Antwort der UNDP (United Nations Development Programs) darauf lautet:
1. Aktive und wirksame Politik für den Schutz der Menschen und die Entwicklung der Gesellschaft - Alphabetisierung, Ausbildung, Gesundheitsfürsorge, Gleichberechtigung der Geschlechter.
2. Mehr internationale Cooperation in der Entwicklung.
3. Beteiligung aller Kräfte, der Staaten, der NGOs und der Geschäftsleute am Prozess.
Der Leitartikel führte aus, das Indien zu seinem Standpunkt steht und den Westen auffordert, nicht die Interessen der Dritten Welt Länder und nicht die Gleichberechtigung der Menschen und Staaten zu ignorieren. Vor allem sollen Fragen des Sozialen und der Arbeit nicht mit Handelsfragen verknüpft werden. (Website The Hindu: http://www.hinduonnet.com)

Stichwort "Multizentral"
Darüberhinaus tritt Indien ein für eine multizentrale Welt im förderalistischen Sinne. Als Zentren der Politik, Wirtschaft, Kultur und des sozialen Wirkens werden neben Indien auch Europa, Russland, China, Afrika, Lateinamerika und U.S.Amerika angesehen. Eine monoökonomische und monokulturelle Globalisierung - die Dominanz einer einzigen Wirtschaftsmacht, verbunden mit der Vorherrschaft einer einzigen Kultur oder Zivilisation - lehnt Indiens veröffentlichte Meinung mit großer Entschiedenheit ab.
Im übrigen sind sich Indien, Russland und China in dieser Frage völlig einig. Auch Russland tritt für eine multizentrale föderalistisch strukturierte Welt ein.
Die Bundesrepublik ist ein föderalistischer Staat und die Vereinigten Staaten von Europa sind nur als föderalistisches Staatengebilde denkbar. Die multizentrale Globalisierung erscheint als geeigneter Weg der Gefahr eines globalen Zentralismus, der in eine Diktatur von Wirtschaftsmächten einzumünden droht, entgegenzuwirken.
Ob die Medien der Bundesrepublik die spannende Fragen nach der Struktur einer globalen Welt, nach den Lebensbereichen, die zu globalisieren oder auch nicht zu globalisieren sind, aus schlichter Ignoranz oder aus politischen Absichten heraus verschweigen - das herauszufinden wäre wirklich nicht uninteressant. Wie dem auch sei - wir sollten dem Verschweigen ein Ende bereiten.
Was soll das unbedarfte Gerede über "Globalisierung - ja oder nein!"? Es geht um "Globalisierung- so, so oder so , oder vielleicht doch noch anders?" Und es geht darum die Stimmen der am ernsthaftesten betroffenen Gesellschaften dazu zu hören!

Übersehene Kulturen ins Rampenlicht!
Kennen Sie die Volkskultur der Tamilen oder der verschiedenen Adivasi Gesellschaften? Sicherlich nicht. Mit der indischen Hochkultur haben sich viele europäische Gelehrte befasst und sie bekannt gemacht. Die Lieder, die Musik, die Tänze, die Schauspiele, die Malerei und Plastik des Volkes blieben aber unbeachtet. Kaum ein Mensch hat sich jemals dafür interessiert. Man hat sie nicht nur übersehen, sondern man hat auch von oben darauf herabgesehen.

Wir möchten gerne nach unseren Möglichkeiten die volkstümliche Kultur Südindiens fördern. Besonders die Adivasi benötigen das Selbstbewußtsein, dass sich auf die Wertschätzung ihrer eigenen Kultur gründet. Sie freuen sich, wenn sie sehen, dass man sich - nun endlich! - für ihre ureigene Kultur interessiert und sie würdigt.

Für sie, wie für uns, gilt es heute in (mindestens) zwei Welten zu leben. Einerseits ist es wichtig Lebenskraft und Stärke aus der eigenen Kultur zu beziehen. Andererseits muss ebenso die Technik und die moderne Kommunikation mit aller Welt beherrscht werden, denn wer sie nicht beherrscht, den beherrscht und unterjocht sie. Die Gesamtheit des Lebens umfasst also sowohl Tradition wie Moderne - coconuts and computers.

Während ihres großen Jahresfestes formen die Irular ein Bildnis ihrer Göttin Kaniyammal. Der Körper wird aus Zweigen des Neem-Baumes geformt und mit Girlanden aus farbigen Blüten geschmückt.

Wir streben an eine wirksame Hilfe zur Selbsthilfe durch

- **Gleichberechtigte Zusammenarbeit.** Absage an westliche Dominanz ist unverzichtbar.
- **Interesse für die anderen Kulturen.** Wir sind dankbar für jede Anregung, die wir aus dem kulturellen Reichtum von Völker mit interessante und für uns neuartigen Traditionen gewinnen können.
- **Individuelle plus großflächige Planung.** Hilfe für den einzelnen und zugleich ebenso weit wie tief greifende Fördermaßnahmen - beides ist erforderlich und muss sich ergänzen.
- **Vermehrt Anstrengungen um Ausbildung - vor allem auch für Frauen.** Entwicklungszusammenarbeit krankt am akuten Mangel an Ausgebildeten und Ausbildenden. Hier muss angesetzt werden - und zwar bei uns und in den Ländern, um die es geht.
- **Ausdauer.** Die Hilfe für die Bedürftigen in armen Ländern ist eine Aufgabe, die nie zu Ende geht. Das Politiker-Verheißung, die Armut in der Welt bis zum Jahre 2015 zu halbieren, ist nicht einzulösen. Selbst wenn das Geld dafür zusammenkommt - die Leute, die das machen wollen und können, fehlen. Es gilt an der Aufgabe dranzubleiben. Langfristiges Engagement ist schnellen Projekten vorzuziehen.
- **Zuneigung zu den Menschen in den anderen Ländern.** Ohne Liebe geht es nicht.

Interessante Websites im Internet

www.dewi.saraswati.org
Informationen von DEWI SARASWATI: Veranstaltungen, Projekte, Kultur Indiens und
Indonesiens, Reisehinweise, Rezepte, Diskussion über Entwicklungszusammenarbeit,
Religion des Hinduismus, Satzung u.s.w. u.s.w.
www.ewnw-hamburg.de
Aktuelle Veranstaltungen über Entwicklungszusammenarbeit: Vorträge, Foren,
Ausstellungen, Konzerte. Mitteilungen des Eine Welt Netzwerkes Hamburg e.V.
http://www.dzi.de
Die Webseite des Deutschen Zentralinstitutes für soziale Fragen listet die
Organisationen auf, denen das Spenden-Siegel zugeteilt worden ist.
http://www.greenpeace.de
Interessante entwicklungspolitische Informationen.
http://www.hinduonnet.com
Aktuelle Beiträge der liberalen englischsprachigen Tageszeitung "The Hindu". Erscheint
in Chennai (Madras).

Literatur

Entwicklungszusammenarbeit:
Palagummi Sainath: Everybody loves a good drought
New Delhi 1996. Penguin Books India Ltd
Kritische Beschreibungen der Lage der Bedürftigen in Indien. Aktuelle Recherchen vor Ort.
Klaus M. Leisinger: Die sechste Milliarde
Weltbevölkerung und nachhaltige Entwicklung. München 2000, ISBN 3-406421-40-7
Wie ist das Problem der zunehmenden Weltbevölkerung zu lösen? Wie steht es mit den
Ressourcen an Wasser, Nahrung und Energie aus?
M.Fritz/M. Kämpchen: Krinschna, Rikscha, Internet
Indiens Weg in die Moderne. München 1978. ISBN 3-406420-69-9
Mal Sen: Die Geschichte der Phoolan Devi
Freiheitskämpferin - Banditenkönigin -Racheengel. München 1993. ISBN 3-442124-91-3
Viramma, Josiane &Jea-Luc Raciene: Eine Unberührbare erzählt
Ein Leben am Rande des indischen Kastensystems. München 2001. ISBN 3-894054-34-4
V.S. Naipaul: Indien Ein Land im Aufruhr. Köln 1992. ISBN3-462021-20-6

Kultur:
Ram Adhar Mall: Der Hinduismus Seine Stellung in der Vielfalt der Religionen
Darmstadt 1997. Wissenschaftliche Buchgesellschaft Bestellnummer 13671-3
Eckard Schleberger: Die indische Götterwelt
Ein Handbuch der hinduistischen Ikonographie. Köln 1986. 3-424008-98-2
Ramayana Die Geschichte vom Prinzen Rama, der schönen Sita und dem Großen Affen
Hanuman Köln 1983. ISBN 3. 4-24007-45 5
Mahabharata Indiens großes Epos Köln 1981. ISBN 3-424 005-76-2
Sudhir Kakar: Shamans, Mystics and Doctors A psychological inquirry into India and
its healing traditions. Oxfors India paperbacks 1990
Arundahati Roy: Der Gott der kleinen Dinge Roman.
München 1997. ISBN 3-89667 020-4

Anzeige

asu poleng

Der Verlag bringt vorzugsweise Bücher über die Kulturen Indiens, Indonesiens und Griechenlands, über die Praxis der Entwicklungszusammenarbeit, über Grenzbereiche der Psychologie und über interreligiöse Fragen heraus. Er hält die einzelnen Titel langfristig im Angebot. 2002 erscheinen folgende Titel:

Dokter Ngurah Nala; M.P.H.:   Heilkunst in Bali
Eine Übersicht aus dem berufenen Munde eins Arztes aus Bali über die Grundlagen und Praktiken traditionellen Heilens auf der Insel der Götter und Dämon. Übersetzung und Bearbeitung von Günter Spitzing. **ISBN 3-935553-09-9**

Karl-Ulrich Lechner: Orang Orang
Interessante Begegnungen mit den Menschen Indonesiens. Berichte aus Reisen in Sulawesi, Kalimantan, Java, Bali und Lombok. **ISBN 3-935553-10-2**

Günter Spitzing: Die Schattenwelt Indonesien
Wayang als Weg zum Verständnis der Menschen auf Bali, Java und Lombok
212 Seiten, 200 Fotos. **ISBN 3-935553-01-3**

Folgende Titel von Günter Spitzing sind für 2002 in Vorbereitung:
Irular
Festtag und Alltag unbekannter Ureinwohner Südindiens
ISBN 3-935553-12-9

Der indische Seiltrick   oder   Wie baut man ein Kinderdorf in Tamil Nadu?
Abenteuer-Tagebuch eines fruchtbaren Entwicklungs- und Kulturaustausches.
ISBN 3-935553-04-8

Bali - die Insel der Götter und Dämonen
Der Reiseführer für Kultur, Kunst, Religion und Volkstum der Insel.
ISBN 3-935553-03-X

edizione ondina

ist die literarische Reihe des Verlages asu poleng. In ihr sind bereits folgende Erzählungen aus der Feder des Autors Palomo Paloma im Stile des phantastischen Realismus erschienen:

Palomo Paloma **Der Schatz-Engel mit den Pfauenflügeln**
Eine Erzählung zwischen dem, was geträumt wird und dem, was geschieht. **ISBN 3-935553-07-2**
Palomo Paloma **Die Nymphe im Schatten des Regenbogens**
Eine Erzählung aus einer Nacht und einem Tag und noch einer Nacht.
ISBN 3-935553-08-0
Palomo Paloma **Die Hexe in der Papierwelt**
Die phantastische Geschichte einer realen Liebe. Und die ist wirklich eine ganz verhexte Angelegenheit. **ISBN 3-935553-06-4**

Die Bücher sind nur über den Buchhandel auf Vorbestellung erhältlich. Geben Sie bei Bestellungen bitte die ISBN Nummer an

asu poleng e.K. Hamburg   eMail: asupoleng@aol.com